2050
L'IA e ciò che ci rende umani

Marco De Prosperis

Corner Italiano LLC

COPYRIGHT

2050
L'IA e ciò che ci rende umani

Pubblicato da Corner Italiano LLC
Springdale, Arkansas, Stati Uniti

ISBN 979-8-9972566-0-9 (brossura)

ISBN per lingua e formato

Lingua	Brossura	EPUB	Audiolibro
Italiano	**9798997256609**	9798952613003	9798952613072
English	9798997256630	9798952613010	9798952613089
Español	9798997256647	9798952613027	9798952613096
Français	9798997256654	9798952613034	9798952613102
Deutsch	9798997256678	9798952613041	9798952613119
Português	9798997256685	9798952613058	9798952613126
日本語	9798997256692	9798952613065	9798952613133

ISBN evidenziato: questa edizione in brossura.

Le informazioni contenute in questo libro riflettono le fonti e lo stato delle conoscenze disponibili al 24 luglio 2026. Considerata la rapida evoluzione dell'intelligenza artificiale, delle tecnologie digitali, delle normative e delle pratiche descritte, alcuni dati o riferimenti potrebbero cambiare dopo la pubblicazione.

Il contenuto è fornito esclusivamente a scopo informativo, educativo e culturale e non costituisce consulenza legale, medica, finanziaria o professionale. L'autore e l'editore hanno compiuto ogni ragionevole sforzo per assicurare l'accuratezza delle informazioni, ma non possono garantire che esse rimangano complete o aggiornate nel tempo.

I nomi di società, organizzazioni, prodotti, servizi e marchi eventualmente menzionati appartengono ai rispettivi titolari e sono utilizzati esclusivamente a fini informativi, descrittivi, critici o di discussione.

Copertina: Corner Italiano LLC.
Impaginazione: Corner Italiano LLC.

NOTA SUI PERSONAGGI

I personaggi nominati in questo libro, comprese le figure ricorrenti e minori, sono di finzione. Nomi, biografie, dialoghi e vicende sono inventati; ogni somiglianza con persone reali è casuale. Le scene servono a rendere concreti dilemmi collettivi e non descrivono casi clinici, professionali o amministrativi reali.

NOTA METODOLOGICA

Questo libro intreccia tre piani. I fatti storici, tecnici e normativi sono riferiti al presente della scrittura e documentati nelle note finali. Le scene con i personaggi ricorrenti sono finzioni narrative ambientate attorno al 2050, entro un arco di alcuni anni, e disposte per temi, non necessariamente in ordine cronologico. Le proposte normative e organizzative — fra cui il gemello operativo — sono ipotesi dell'autore: non descrivono il diritto vigente né pretendono di essere previsioni certe. Poiché tecnologie, standard e norme evolvono, le fonti indicano versione e data quando rilevanti. Il Test del 2050 è un quadro originale per la deliberazione, non uno strumento predittivo validato né una procedura di certificazione. Le note numerate individuano le evidenze pertinenti ai passaggi fattuali e ne precisano i limiti. Orientamenti istituzionali, studi empirici, preprint e annunci aziendali hanno forme diverse di autorevolezza; una fonte che documenta un annuncio o raccomanda una salvaguardia non dimostra, da sola, un risultato.

INDICE GENERALE

INTRODUZIONE

Il futuro non arriva come una notizia

Per molto tempo abbiamo immaginato il futuro come una soglia, una data oltre la quale il mondo sarebbe diventato riconoscibilmente diverso, popolato da macchine straordinarie e decisioni nuove. Ma il futuro che cambia davvero una vita non appare sempre lontano. Entra nelle abitudini chiedendoci di usarlo ancora una volta. Le trasformazioni profonde avanzano per accumulo: una funzione aggiunta a un servizio già usato, un suggerimento che fa risparmiare tempo, una previsione che diventa criterio, una procedura che nessuno ricorda più come eseguire a mano. Voglio rendere visibile quel passaggio mentre abbiamo ancora tempo per chiederci che cosa stiamo cedendo in cambio della comodità.

Immaginiamo una mattina qualunque. Una funzionaria apre un elenco di richieste che il sistema ha già ordinato. Non vede un comando né un divieto: soltanto tre casi indicati come prioritari e un pulsante per confermare. L'algoritmo non ha formalmente deciso, ma ha stabilito l'ordine in cui le persone entreranno nel suo sguardo. Quell'ordine determina chi riceverà più tempo. Il caso di qualcun altro arriverà quando la giornata sarà quasi finita. La delega comincia con la disposizione tranquilla delle cose.

L'intelligenza artificiale (IA) amplia capacità reali. Rende accessibile una spiegazione, riconosce un segnale clinico, coordina una rete complessa, traduce, propone, crea varianti e riduce lavori ripetitivi. Poiché funziona, la domanda decisiva non è se la macchina sia benevola o ostile all'essere umano. Voglio sapere chi assegna autorità a quella capacità e chi ne controlla l'uso. La risposta conta ogni volta che una prestazione convincente entra in una decisione che riguarda altri.

Un sistema riconosce regolarità che ci sfuggono e resta incapace di rispondere del loro significato. La sola assistenza non gli conferisce il mandato per decidere. Può produrre un beneficio e distribuire altrove il costo: su chi lavora, su chi viene misurato, su un territorio, su un'istituzione che perde competenza o su una persona che non riesce più a sottrarsi. La responsabilità comincia nel punto in cui queste differenze smettono di essere dettagli tecnici.

Per indagare quel punto, il libro tiene distinti tre piani. I fatti storici, tecnici e normativi riguardano il presente della scrittura e richiedono fonti. Le scene con personaggi ricorrenti sono finzioni ambientate intorno al 2050: rendono percepibile una scelta senza pretendere che il futuro si svolgerà così.

Propongo il Test del 2050 come metodo per esaminare queste scelte. Anche la minimizzazione della prova e il gemello operativo sono mie proposte, aperte alla discussione e alla verifica. Nessuna descrive un quadro giuridico già uniforme o una soluzione che saremo obbligati ad adottare.

La distanza del 2050

Ho scelto il 2050 per la distanza che ci offre: abbastanza lontana da osservare le conseguenze di scelte che oggi appaiono piccole, abbastanza vicina da non poterle attribuire a un'umanità diversa dalla nostra. Il futuro qui è un modo per mettere sotto pressione decisioni già presenti: che cosa automatizzare, quali dati raccogliere, quali dipendenze accettare e chi deve poter correggere un esito.

Tra oggi e il 2050 cambieranno capacità e istituzioni, insieme a regole e abitudini. Alcune promesse si realizzeranno, altre verranno ritirate o muteranno nome. Le scene non scelgono una traiettoria come destino. Immaginano un punto avanzato perché le decisioni abbiano avuto il tempo di lasciare sedimenti, con competenze perdute o coltivate e dipendenze diventate difficili da sciogliere. Anche i rimedi hanno avuto il tempo di mostrare se funzionano nella pratica o si riducono a una formalità. L'anno allunga l'orizzonte temporale della responsabilità oltre il lancio e chiede che cosa resta quando l'eccezione non è più rara, chi aveva firmato non è più in carica e una soluzione provvisoria è diventata infrastruttura.

Anche sistemi più capaci di quelli descritti potranno sbagliare, perché agiranno in ambienti che cambiano mentre vengono misurati. Una rete sanitaria attraversa epidemie e carenze di personale. Una città cambia al mutare della popolazione e dei bilanci. Un'organizzazione modifica le proprie procedure in risposta alle previsioni che riceve. Riconoscere regolarità non congela il contesto. Più un sistema entra nell'ambiente, più contribuisce a trasformarlo: ciò che ieri era un segnale affidabile può domani diventare un obiettivo. Quando le persone vi si adattano, l'incentivo comincia a plasmare un'abitudine.

I dati, inoltre, non arrivano da un mondo neutrale. Istituzioni con risorse diseguali registrano meglio chi è visibile e traducono in categorie situazioni che eccedono ciò che la modulistica riesce a raccogliere. Un modello può trattare con precisione i dati offerti e lasciare ai margini ciò che non è stato misurato o è stato nominato male, e ciò che una persona non poteva dichiarare. Aumentare la capacità può ridurre errori. Spetta ancora alle persone decidere quali assenze contino e chi debba colmarle, oltre a chi possa contestare una classificazione costruita su una documentazione incompleta. Anche un sistema accurato, rapido e coerente non stabilisce quali rischi siano accettabili, quanto valga l'attesa, quali costi possano essere trasferiti o quando un diritto debba prevalere sull'efficienza. Queste scelte rimangono contestabili anche se l'ottimizzazione diventa impeccabile. Lo stesso vale per le eccezioni, che non sono rumore da eliminare, perché talvolta una regola è inadeguata. Talvolta due beni entrano in conflitto, oppure la persona che abbiamo davanti è diversa dai casi che hanno plasmato la regola. Un sistema più competente può riconoscerne di più senza ricevere per questo il mandato di decidere quale eccezione meriti ascolto.

Nel 2050 gli errori potrebbero essere meno grossolani e più difficili da vedere. Un risultato assurdo provoca allarme, mentre una raccomandazione plausibile, coerente con altri servizi e distribuita lungo una catena di soggetti competenti può diventare invisibile grazie alla qualità del sistema. Ogni passaggio corregge qualcosa e diluisce la domanda su chi abbia interpretato il caso. L'errore può consistere in un obiettivo adottato senza discussione, in un'eccezione respinta con buone ragioni locali o in una dipendenza che rende il ricorso disponibile e praticamente inutile.

Ho concepito il Test del 2050 per chiedere se una delega resista agli ordinari cambiamenti istituzionali. Gli appalti portano nuovi fornitori. Il personale lascia l'incarico e gli aggiornamenti modificano il funzionamento del sistema. Attraverso questi cambiamenti, le persone devono ancora poter trovare lo scopo della delega e i limiti del mandato, insieme ai nomi di chi è tenuto a rispondere.

Le prove devono restare aperte al riesame. Chiunque subisca un danno ha bisogno di un responsabile a cui rivolgersi, mentre l'istituzione deve conservare competenza sufficiente a interrompere il servizio, se necessario. Il Test chiede se questa capacità di correzione regga anche in circostanze che nessuno aveva previsto.

Le scene formano un coro, non una trama. Sofia e Amir incontrano la facilità di ottenere risposte e la fatica di giudicarle, mentre Davide e Karim vedono l'efficienza da posizioni opposte, fra il potere di sospendere e il costo di contestarlo. Elena e Matteo rispondono di ciò che città e uffici osservano o pubblicano. Luca e Teresa mettono alla prova il confine fra segnale, cura, compagnia e presenza. Le loro storie mostrano, su scale diverse, la stessa responsabilità.

Il percorso va dalle interfacce alle istituzioni, dalla persona alle infrastrutture. Prima rende visibili capacità, prove e dipendenze, e un primo Interludio le raccoglie nel Test del 2050. Attraversa lavoro, città, università, sanità, verità, creatività, relazioni e profili. Un secondo Interludio espone il metodo al costo del controllo e al danno che resta. Infine il digitale riappare nella materia, nelle filiere, nella memoria e nel ciclo delle decisioni. La domanda riguarda le condizioni alle quali persone e istituzioni conservano la possibilità di scegliere.

Chiamo questa postura speranza adulta. Non consiste nel credere che ogni innovazione finirà per migliorare la vita, né nel trattare ogni rischio come ragione per fermarsi. Significa rappresentare il beneficio migliore e insieme misurarne i costi. Proteggere chi ha meno potere richiede talvolta una decisione più lenta, meno elegante o meno redditizia di quanto avessimo sperato. La speranza diventa adulta quando resta capace di correggersi e non chiede ai più fragili di pagare in silenzio la fiducia degli altri.

Da qui nasce il metodo. Prima di affidare potere a un sistema bisogna distinguere ciò che sa fare, l'autorità che riceve e le condizioni che permettono a persone e istituzioni di correggere la scelta. Il primo Interludio trasforma questa postura in sette domande da usare lungo il libro.

Prima di assegnare autorità a una macchina, dobbiamo capire che cosa dimostri davvero ciò che produce. Una voce familiare ci dà ragioni per ascoltare, ma rende anche più facile scambiare una risposta plausibile per comprensione. Torniamo alla funzionaria davanti alle richieste ordinate dal sistema. Le persone in fondo al suo schermo non hanno ancora avuto la possibilità di dire se quell'ordine abbia senso.

PARTE I

Rendere visibile

CAPITOLO 1

Quando le macchine imparano a riconoscerci

Una macchina che sembra capirci

Sofia ha appena iniziato il percorso universitario. Quando apre il portatile per preparare un esame difficile, non cerca soltanto informazioni. Chiede a un assistente di distinguere due autori, di rendere più chiaro un passaggio e di proporre un esempio. La risposta arriva in pochi secondi, ordinata e sicura. Sofia la legge fino in fondo, poi torna al libro: una citazione non è nel punto indicato dall'assistente e una differenza decisiva è stata levigata. Lo strumento le ha fatto guadagnare tempo, ma per non perdere il senso deve restituire attrito al processo.

Questa è la novità quotidiana. Sistemi capaci di classificare, tradurre, riconoscere, prevedere e generare sono entrati in azioni che associavamo al pensiero. Non occorre che pensino come noi perché i loro risultati entrino nel nostro pensiero. Il cambiamento si nasconde nell'ordinarietà del gesto, dove la fluidità sembra comprensione. Quando ci fidiamo di quell'apparenza, cominciamo a lasciare che la risposta acquisti autorità.

Dire che una macchina è diventata «come noi» chiarisce poco. Un sistema può riconoscere un volto o scrivere una spiegazione senza dimostrare esperienze personali o intenzioni, né assumersi la responsabilità di ciò che produce. La somiglianza del comportamento non dimostra da sola un'esperienza interna. Questa cautela lascia aperte le domande più ampie sulla coscienza artificiale. Per governare questi sistemi dobbiamo partire da ciò che fanno e da dove falliscono, per poi seguire gli effetti del loro uso.

Faccio questa distinzione perché evita un errore pratico. Un termometro misura meglio di noi senza sapere che cosa sia la febbre, e un modello può individuare una regolarità senza dimostrare di comprendere il significato del caso. Prima viene la capacità: che cosa sa fare? Poi l'affidabilità: quanto regge nel contesto? Solo allora si discute l'autorità: che cosa può determinare e chi può correggerlo. Saltare dalla prestazione all'ultima domanda significa avere già consegnato una parte della decisione.

Alcuni momenti della storia dell'IA aiutano a capire come siamo arrivati qui, soprattutto quelli in cui le persone hanno cominciato a porre una domanda diversa. Nel 1950 Alan Turing propose di spostarla dall'interiorità inaccessibile della macchina al comportamento in conversazione. Era una mossa filosofica e teatrale che lasciava aperta la questione dell'equivalenza fra comportamento e comprensione e mostrava quanto fosse seducente giudicare l'intelligenza dalla superficie pubblica degli effetti. La cautela conserva la sua attualità ogni volta che la qualità di una frase ci fa dimenticare come è stata prodotta. Pochi anni dopo, la proposta di Dartmouth diede un nome all'intelligenza artificiale e propose che aspetti dell'intelligenza potessero essere descritti e riprodotti in forma computabile.[1]

Nel suo articolo del 1966 su ELIZA, Joseph Weizenbaum rese concreta quella seduzione. Il programma individuava parole chiave e applicava regole per restituire domande o frasi compatibili con una conversazione. In una delle sue forme più note assumeva il registro di un terapeuta non direttivo: se l'utente parlava della madre, ELIZA poteva invitarlo a continuare su quel rapporto. Il meccanismo era ristretto, eppure lo scambio dava agli utenti l'impressione di essere ascoltati. Il programma sembrava paziente e non esprimeva giudizi su ciò che dicevano. L'episodio non dimostra che la macchina avesse capito o che le persone fossero ingenue. Rivela piuttosto che il linguaggio è una scena cooperativa in cui chi riceve una risposta tende a colmarne i vuoti con intenzioni ed esperienze ricordate. Una risposta sembra allora attenta, soprattutto quando l'interfaccia occupa un ruolo riconoscibile. Anche davanti all'assistente di Sofia, una parte della comprensione percepita nasce da questa collaborazione.[2]

La prima stagione privilegiò regole e simboli. In domini delimitati i sistemi manipolavano rappresentazioni e seguivano procedure complesse. Fu molto più difficile formalizzare il sapere tacito con cui le persone colgono un contesto o capiscono una battuta, con eccezioni particolarmente difficili da prevedere. A fasi di entusiasmo seguirono riduzioni di finanziamenti e aspettative. Gli «inverni dell'IA» ricordano che un campo non avanza soltanto grazie alle idee: ha bisogno anche di istituzioni dotate di strumenti e problemi adatti, oltre che di dati e potenza di calcolo.[3]

Nei decenni successivi, molta IA utile rimase specialistica. Un sistema esperto veniva costruito per un dominio circoscritto in cui tecnici e professionisti traducevano parte del loro sapere in regole, il programma combinava quelle regole e proponeva una conclusione. Il recinto era anche un vantaggio, perché indicava quali domande il sistema trattava e quali dati si aspettava. Fuori da quei limiti, la questione doveva tornare a una persona. Il limite appariva quando l'eccezione non era stata formalizzata o il contesto cambiava. Non era semplice mantenere quelle mappe del sapere, e una spiegazione ordinata poteva far sembrare completa una base di regole che completa non era. L'autorità derivava quindi meno dall'abilità di calcolo che dall'istituzione che decideva dove usare il sistema e chi poteva contestarlo.[3]

Quei rallentamenti riflettevano combinazioni diverse di ostacoli tecnici, decisioni sui finanziamenti e aspettative che superavano i risultati. Idee premature tornarono quando cambiarono le condizioni materiali. La storia dell'IA somiglia quindi a una costa frastagliata, non a una linea ascendente, e insegna a diffidare sia delle affermazioni di inevitabilità sia delle dichiarazioni che ogni crisi segni la fine.[3]

Accanto agli approcci basati su regole, un altro filone di ricerca cercava di imparare dagli esempi invece di ricevere ogni regola in anticipo. Nell'apprendimento automatico un modello modifica parametri interni per ridurre l'errore sui casi osservati e generalizzare a casi nuovi. Il vantaggio è enorme quando le regolarità sono troppe per essere scritte a mano. Il limite, altrettanto importante, è che gli esempi sono una selezione del mondo, costruita da qualcuno per uno scopo.[4]

Le reti neurali profonde ampliarono questa capacità apprendendo rappresentazioni utili da grandi raccolte di dati. Il risultato di AlexNet nel 2012 mostrò come algoritmi migliori trasformassero il riconoscimento delle immagini quando la capacità di elaborazione consentiva di lavorare su scala maggiore. Pur non essendo un momento magico né la soluzione di ogni problema, rese industrialmente plausibile una strategia in cui più esempi e più potenza di calcolo potevano produrre prestazioni prima irraggiungibili.[5]

Nel 2017 l'architettura Transformer sostituì l'elaborazione ricorrente delle sequenze con un meccanismo di attenzione che poteva essere calcolato in parallelo durante l'addestramento. Il sistema non «coglie la situazione nel suo insieme» come una persona: costruisce invece dipendenze numeriche fra token, unità che corrispondono a parole, frammenti o simboli. Su grandi raccolte di testi, questa architettura rese possibile addestrare modelli versatili, capaci di continuare e trasformare il linguaggio in molti modi.[5]

Quando una nuova generazione di assistenti conversazionali di uso generale raggiunse il pubblico alla fine del 2022, una capacità di laboratorio diventò interfaccia comune. Il salto non fu soltanto prestazionale. Il linguaggio accumulato in libri e manuali divenne materia industriale per sistemi capaci di restituirlo riorganizzato. Lo stesso accadde al linguaggio del web e delle conversazioni. Le persone potevano chiedere una prima spiegazione o affidare al sistema una bozza o una traduzione. Nello stesso gesto, la plausibilità acquistò l'aspetto della competenza.[6]

Con i modelli linguistici di uso generale, il recinto rimane ma è diventato più difficile da vedere. La stessa interfaccia può riassumere un contratto, preparare una lezione, suggerire codice o rispondere a una domanda sanitaria. Il linguaggio funziona allora come un corridoio comune fra domini che prima richiedevano strumenti separati.

Questo è il passaggio dal sistema specialistico al linguaggio come infrastruttura: una forma di accesso che entra in molti processi senza che il sistema possieda allo stesso modo ogni competenza. Il vantaggio è enorme perché abbassa la soglia d'ingresso. Cresce però anche il rischio di trasferire l'autorevolezza conquistata in un compito al compito successivo, dove servono prove diverse e gli errori comportano conseguenze diverse. Anche la responsabilità cambia insieme al compito.

Vista dai nostri anni, la rivoluzione ha già il volto della normalità per Sofia. Parlare con una macchina in linguaggio naturale è passato, in pochi anni, dalla fantascienza a un gesto preliminare in cui apriamo una finestra e formuliamo una richiesta prima di scrivere, cercare, prenotare, tradurre o cercare di capire. La finzione aveva preparato il vocabolario emotivo dell'incontro, ma non la velocità con cui sarebbe diventato abitudine. La domanda pubblica è scivolata da «Può davvero risponderci?» a «Perché non usarla anche qui?». Una tecnologia comincia a modificare una cultura quando smette di chiedere attenzione e viene usata come se fosse sempre stata disponibile.

La soglia culturale conta quanto quella tecnica. Per secoli, una prima bozza ha mostrato almeno che qualcuno sapeva avviare un ragionamento e dare forma a materiali dispersi. Ora compare in pochi secondi. Non tutte le bozze diventano per questo equivalenti, né si distribuisce automaticamente il giudizio necessario a valutarle. Una spiegazione iniziale comincia a sembrare compresa nel servizio. Ciò che un tempo dimostrava la capacità di cominciare può ora riflettere soltanto la disponibilità di un accesso. Studenti, colleghi e clienti ridisegnano così il punto di partenza accettabile e il tempo che sono disposti a concedergli. Il valore migra verso la qualità della domanda e il lavoro di revisione, con fonti pertinenti da usare per il confronto e qualcuno che si assuma la responsabilità di sostenere l'esito. Anche queste attività ricevono assistenza, ma conservano un costo che la fluidità non assorbe, perché qualcuno deve ancora stabilire se la risposta è vera e se regge.

Questo cambiamento ha un costo meno visibile, perché una bozza immediata fa apparire il tempo della verifica come lentezza, e una forma competente che costa quasi nulla fa sembrare il dubbio inefficiente. Il moltiplicarsi delle varianti lascia inoltre a qualcuno più cose fra cui scegliere e da scartare. Sofia deve capire dove la velocità apre una possibilità e dove la lascia con un debito di verifica.

Le istituzioni affrontano lo stesso problema. Una scuola che celebra il tempo risparmiato deve comunque mettere a disposizione tempo per la verifica, così come un'impresa deve fornire risorse per la supervisione svolta dai dipendenti. La competenza umana diventa meno riconoscibile nella prima forma che appare e più esigente nel percorso che permette di affidarle una decisione.

Come le macchine imparano dagli esempi

Nel lessico dell'IA, «imparare» indica la capacità di costruire rappresentazioni e generalizzare oltre gli esempi osservati. Una persona impara anche attraverso l'esperienza corporea e le relazioni con altre persone, e ogni nuovo apprendimento entra in una storia di esperienze precedenti. Usare la stessa parola resta utile se ricordiamo che classificare una frase come promessa non dimostra che il sistema possieda il contesto vissuto di quella frase.

Quel limite è già presente nei dati, perché chi raccoglie gli esempi ne sceglie il contenuto e le etichette, decidendo quali assenze lasciare invisibili. Anche un insieme di dati enorme non offre garanzie di qualità proprio nel caso che conta. L'automazione ricolloca il giudizio umano lungo tutto il processo, dalla definizione del problema alla determinazione del modo in cui un risultato entra in una decisione.

Una correlazione può essere preziosa senza spiegare una causa. Può indicare dove guardare e, insieme, confondere un segnale con il fenomeno che vorremmo conoscere. Se il passato contiene esclusioni o categorie approssimative, il modello può riprodurle con una precisione che sembra neutralità. Vedere meglio ciò che è già accaduto lascia comunque il futuro aperto.

La scala aggiunge una seconda ambivalenza. Un errore umano ha spesso portata locale, mentre una classificazione automatica può essere replicata migliaia di volte prima che qualcuno ne riconosca la forma. Ma la scala rende anche accessibili strumenti un tempo riservati a pochi, mettendo a portata di mano competenze rare e contenuti tradotti. La scelta fra entusiasmo e rifiuto conta meno di due domande: quale capacità stiamo usando e quale costo la scala amplifica?

I modelli linguistici autoregressivi prevedono continuazioni plausibili a partire dal contesto e dalle istruzioni, usando capacità plasmate da successive fasi di addestramento. Il risultato finale è molto più di «scegliere sempre la parola più probabile», ma questo non trasforma il modello in un archivio che recupera soltanto fatti verificati. Può unire frammenti coerenti con un tono adatto anche quando la spiegazione non corrisponde alle fonti. Nel caso dei modelli linguistici, quella sequenza — capacità, affidabilità, autorità — diventa concreta. Generare una spiegazione coerente è una capacità reale, ma l'affidabilità va verificata nel dominio pertinente, confrontandola con le fonti e con i fallimenti osservabili. Una risposta utile per lo studio di Sofia non diventa per questo una base sufficiente per valutare una persona o guidare una cura. Quel salto di autorità proviene da utenti e istituzioni, spesso senza che lo nominino, anziché dall'interno del modello.[6]

Quando il linguaggio diventa infrastruttura

Sofia usa l'assistente perché le è utile: la aiuta a entrare in un testo difficile e a raggiungere una fonte che altrimenti non avrebbe consultato. Il confronto fra termini orienta poi la lettura. L'accesso alla conoscenza si allarga quando il primo ostacolo non richiede più ore di lavoro o un interlocutore immediatamente disponibile.

La stessa fluidità crea però una nuova asimmetria. Sofia vede la risposta, non l'intero percorso con cui è stata prodotta. Non sa quali fonti abbiano pesato o quali siano assenti. Non vede neppure quanto un esempio dipenda dalla formulazione della sua domanda. La sicurezza grammaticale colma queste lacune. L'interfaccia riduce lo sforzo necessario per porre una domanda al sistema proprio nel momento in cui il risultato avrebbe più bisogno di essere messo in discussione.

Durante lo studio Sofia chiede una seconda versione, poi domanda su quali passaggi si fondi. Il modello offre riferimenti plausibili, ma uno riguarda un'edizione diversa e un altro sostiene una tesi più limitata. Non è una ribellione della macchina né una menzogna deliberata. È un fallimento compatibile con il suo modo di generare, perché produrre una continuazione coerente non garantisce che ogni elemento abbia una provenienza verificata.[6]

Questo tipo di errore è insidioso perché coopera con il desiderio dell'utente. Sofia vuole consegnare il lavoro sentendosi in grado di andare avanti. Una risposta ordinata le offre informazioni e sollievo nello stesso gesto. Se la verifica diventa un controllo rituale alla fine, la forma della risposta ha già orientato il suo pensiero. La competenza futura comincia anche dal riconoscere quando la facilità sta diventando fretta.

Chiedere al sistema di dichiarare incertezza o spiegare la risposta può aiutare, ma non assegna affidabilità. Un'espressione di cautela del modello non dimostra maggiore accuratezza, e la spiegazione generata non coincide necessariamente con il meccanismo che ha prodotto l'esito. Tono e giustificazione sono ulteriori risultati da valutare. Per agire responsabilmente servono confronti esterni con prove pertinenti al contesto. Una persona deve poi distinguere ciò che il sistema propone da ciò che è disposta a sostenere.[7]

La cooperazione vista con ELIZA ritorna qui in forma più potente. Una voce paziente e una frase che anticipa il dubbio fanno percepire attenzione. La relazione linguistica suscita fiducia e perfino timore di contraddire il sistema. Quella reazione è reale nell'utente senza provare reciprocità dall'altra parte.

Il design conta quanto il modello. La risposta cambia peso a seconda di come viene presentata, perché l'utente può correggerla se fonti e limiti sono visibili. Dietro un pulsante, la stessa risposta spinge più facilmente all'accettazione. L'interfaccia assegna un ruolo al sistema prima ancora che un regolamento lo faccia.

I benefici, intanto, sono concreti. Gli assistenti linguistici rendono più leggibili testi complessi, sostengono persone con disabilità, traducono fra lingue, aiutano chi parte da competenze meno consolidate e liberano tempo da compiti ripetitivi. È per questo che si diffondono. La questione è conservare l'accesso senza scambiarlo per verità. Il contesto cambia il peso dell'errore. Se in un compito a basso impatto una risposta imperfetta si corregge con poco costo, in uno ad alto impatto la stessa sicurezza può orientare un'esclusione, una cura o un diritto. Il modello conserva la stessa natura da un settore all'altro, ma l'autorità che gli concediamo cambia le conseguenze. Valutarlo significa guardare sia alla frequenza dei successi sia a ciò che accade quando fallisce.

I soli risultati medi dei test non dimostrano come il sistema si comporti nei casi che contano di più. Un modello molto accurato nel complesso può fallire in una situazione rara o quando tratta una lingua o una categoria particolare. Prima di affidargli una funzione occorre provarlo nel contesto reale, prestando particolare attenzione ai casi difficili. Qualcuno deve inoltre conservare l'autorità di sospenderne l'uso. La provenienza rende un documento ricostruibile, non automaticamente vero. La supervisione umana richiede prove pertinenti, competenza, tempo sufficiente a valutare le prove e a dissentire, e autorità per modificare l'esito.

Sofia continua a usare il sistema, ma gli assegna un posto preciso nell'esplorare alternative e preparare domande. Quando una risposta diventa decisiva, torna alla fonte o cerca un altro punto di vista, perché la comodità del primo passaggio non decide il peso dell'ultimo.

A fine serata è ancora indietro nel programma, ma sa quale fonte sostiene la risposta e che cosa resta una proposta dell'assistente.

Correggere una frase può richiedere soltanto un controllo leggero. La supervisione di uno strumento usato per attribuire un fatto deve includere fonti, limiti e un responsabile raggiungibile, così come deve farlo quando si valuta una persona o si sostiene una conclusione.

Questa soglia non può essere scaricata interamente sul singolo utente. Se un'università adotta uno strumento, deve chiarire quali usi sostiene e quali fonti quegli usi richiedono. Gli studenti devono anche sapere come l'università tratterà gli errori. Sofia può imparare a verificare, ma non dovrebbe doversi destreggiare da sola fra sistemi opachi mentre compete con chi li usa senza cautela. La competenza personale ha bisogno di regole istituzionali che non puniscano il tempo della verifica.

Sofia chiude la risposta generata e lascia aperta la fonte. Ha ancora del lavoro da fare prima di raggiungere il gruppo. Almeno per questa risposta, sa dove guardare.

CAPITOLO 2

Provare abbastanza, non tutto

Quando Sofia riceve la conferma della borsa di studio internazionale, la gioia dura pochi minuti prima di diventare amministrazione. L'università che la ospiterà deve riconoscerla, verificare l'autenticità del titolo e accertare la copertura richiesta. Ogni domanda ha una ragione. Il modo di porla, invece, espone più del necessario. Sofia scarica certificati, fotografa documenti e ripete dati già verificati da altri uffici, come se potesse essere riconosciuta soltanto nel formato accettato dall'ultima schermata.

Il problema appare in molti ambiti, ma per Sofia è immediato. Per dimostrare di possedere un titolo consegna anche indirizzo, data di nascita e numeri identificativi. Un campo irrilevante manca e il file viene respinto. L'ufficio che ha emesso il certificato ne conosce l'autenticità. Quello che lo riceve non sa verificarla senza ricominciare. La fiducia è frammentata e la studentessa diventa il corriere fra istituzioni che non si riconoscono.

Viviamo dentro un'economia delle prove. Avere studiato è soltanto l'inizio. Bisogna ancora dimostrarlo a qualcuno che non ci conosce. Quando attraversa istituzioni e confini, la fiducia diventa infrastruttura. Decide chi può attestare un fatto, quali informazioni devono circolare, per quanto tempo vengono conservate e che cosa può fare una persona quando la prova è valida ma il sistema la rifiuta.

Il costo nascosto della fiducia

Per secoli questa funzione è appartenuta a istituzioni riconoscibili, dalle anagrafi e dai tribunali alle università e agli ordini professionali. Nel digitale quella funzione persiste attraverso un numero crescente di account e archivi, ciascuno con il proprio sistema di permessi. Ogni servizio costruisce il proprio modo di riconoscere le persone, spesso senza poter riusare attestazioni già controllate altrove.

Un accesso unico evita code, un archivio riduce spostamenti e un controllo abbrevia l'attesa. Se però la stessa piattaforma controlla l'accesso e custodisce cronologia e reputazione, la disponibilità delle prove dipende dal riconoscimento del sistema e dalla stabilità delle sue regole. Un account è una porta amministrata da qualcuno. L'identità non coincide con quella porta né con l'insieme degli attributi usati per riconoscerla. Perdere l'account diventa allora perdita di esistenza amministrativa: Sofia conserva la propria identità, ma non riesce più a dimostrare chi è nel luogo in cui serve.

Il costo non si misura soltanto in tempo. Ogni copia allarga la superficie del rischio. Un documento richiesto per provare un solo fatto ne rivela molti altri, utili in contesti differenti ma eccedenti in quello presente. Nel mondo fisico ci sembrerebbe sproporzionato consegnare l'intero portafoglio per mostrare un biglietto. Nel digitale la rapidità rende la sproporzione quasi invisibile.

Sofia nota anche il costo cognitivo di dover ricordare quale versione ha inviato, a chi e con quali dati. Ogni copia offre a un errore un altro luogo in cui sopravvivere. Un aggiornamento dell'emittente non raggiunge le copie già distribuite.

Per correggere un identificativo, Sofia scrive a tre uffici. Il primo aggiorna l'archivio, il secondo le chiede di inviare tutto di nuovo e il terzo continua a vedere la versione precedente. La borsa rimane sospesa per due giorni. Ciascun sistema contesta la prova che ha davanti, anziché l'identità di Sofia, senza riuscire a riallineare i registri.

La credenziale verificabile

Una via diversa comincia separando la persona dal fatto che deve dimostrare. Una credenziale verificabile contiene affermazioni rilasciate da un soggetto riconoscibile e protette in modo che chi le riceve possa controllarne provenienza e integrità. In un sistema di questo tipo, un'università attesta un titolo di studio. Altrove, un'autorità competente conferma una qualifica professionale, oppure un'amministrazione pubblica attesta un attributo che rientra nelle sue competenze. La verifica riguarda la prova necessaria, non l'intera biografia. I ruoli sono tre: l'emittente, il titolare che conserva e presenta la credenziale e il verificatore. Una firma crittografica consente di controllare che l'attestazione provenga dalla chiave associata all'emittente e non sia stata alterata, senza trasformare per questo un'affermazione falsa in vera né rendere giusta l'istituzione. La qualità del fatto sottostante continua a dipendere dalle regole applicate e da come viene controllato e corretto.[8]

Identità, autenticazione e autorizzazione rispondono a domande diverse. Chi è stato riconosciuto? Chi sta accedendo ora possiede i mezzi richiesti? Che cosa può fare in quel contesto? Sapere che una persona è Sofia non dimostra il suo titolo; sapere che una password è corretta non concede ogni permesso. Separare le domande limita gli accessi e rende più leggibili gli errori.[9]

L'identità digitale non dovrebbe essere un duplicato completo della persona né coincidere con un unico portafoglio. Comprende i mezzi e gli attributi con cui la persona viene riconosciuta. Il contesto determina quale prova viene presentata, da un titolo a un'autorizzazione o alla dimostrazione del superamento di una soglia d'età. Per Sofia una credenziale verificabile basterebbe a provare il titolo senza spedire ogni volta diploma e documento d'identità completo. Standard aperti e infrastrutture convenzionali ben governate possono sostenere questo modello, in cui il sistema conoscerebbe ciò che serve per la borsa, non tutto ciò che il file rende disponibile.

Il ciclo comincia prima che Sofia presenti qualcosa. L'università emittente controlla il fascicolo, le mostra in forma leggibile ciò che sta per attestare e le indica il canale per segnalare un errore. La credenziale del titolo identifica l'istituzione e il percorso concluso, con la data pertinente. L'indirizzo ne resta fuori, così come il documento d'identità e la cronologia degli accessi.

Sofia la riceve nel portafoglio digitale, ma il rilascio non è un gesto irrevocabile, perché continua a dipendere da un emittente che deve poter confermare lo stato e rispondere della propria attestazione.

Quando l'ateneo ospitante chiede la prova, Sofia non invia il file originale né apre l'intero portafoglio. Seleziona gli attributi necessari per quella borsa e vede prima della conferma chi li riceverà e per quale scopo. Il verificatore controlla firma, provenienza e stato della credenziale, poi conserva l'esito della verifica secondo le proprie regole, non una copia indefinita di tutto ciò che Sofia possiede. La presentazione dura pochi secondi. La sua proporzionalità dipende dal lavoro svolto prima per limitare ciò che viene richiesto e restituito, oltre a ciò che viene conservato.

Il nuovo ciclo non elimina gli errori. Nel riepilogo Sofia vede che la credenziale è stata emessa prima che l'identificativo corretto raggiungesse l'archivio dei titoli. La firma è valida, ma il contenuto è sbagliato, e l'ordine tecnico rende l'errore più difficile da liquidare come un file corrotto. Sofia apre una richiesta dal portafoglio. Riceve un numero di pratica e una prova provvisoria che l'ateneo ospitante può verificare mentre l'emittente confronta i registri. La borsa non dovrebbe restare sospesa soltanto perché due sistemi impiegano tempi diversi per riconoscere la stessa correzione.

L'ufficio revoca la credenziale errata e ne emette una corretta. Rende inoltre consultabile lo stato della credenziale precedente, così che i verificatori che ne controllano lo stato attuale possano vedere che non va più usata. La revoca riguarda quell'attestazione, non il titolo conseguito da Sofia né la sua identità. Anche la motivazione conta, perché un errore corretto, la compromissione della chiave dell'emittente e un requisito temporaneo non più soddisfatto non sono la stessa cosa. Un sistema che mostra soltanto «non valida» protegge il controllo tecnico ma può trasformare una manutenzione legittima in sospetto sulla persona.[10]

Qualche mese dopo Sofia perde il telefono durante un viaggio. Il diritto di portare con sé la prova non può dipendere dalla capacità di conservare per sempre un unico oggetto. Usa il canale di recupero scelto al rilascio della credenziale, conferma la richiesta con un secondo mezzo e ottiene assistenza umana quando il nuovo dispositivo non supera uno dei controlli automatici. Il vecchio dispositivo viene escluso. Le credenziali ancora valide sono rese disponibili sul nuovo senza costringerla a ricostruire gli studi documento per documento. Il recupero lascia una traccia e genera un avviso, perché una procedura troppo facile favorirebbe chi tenta di sottrarle il portafoglio.

Seguire la credenziale lungo questi passaggi sposta il giudizio dalla prima accettazione all'intero ciclo. Conta chi risponde del fatto, quali attributi vengono presentati e conservati, come si corregge un errore e se recupero e revoca lasciano intatta la persona.

Ogni passaggio assegna potere all'emittente, al portafoglio, al verificatore o al servizio di assistenza. Il ciclo protegge Sofia quando quei poteri restano separati e visibili ai suoi occhi. Le serve anche un modo per contestare come ciascuno viene usato.

Mostrare il necessario

Nel diritto europeo la minimizzazione dei dati richiede che le informazioni trattate siano adeguate, pertinenti e limitate a quanto necessario per lo scopo. Propongo la minimizzazione della prova come traduzione operativa di quel principio. Chi formula una richiesta dovrebbe chiedersi quale prova risponderà alla domanda. Una volta controllata quella prova, conservare il resto del fascicolo richiede una giustificazione propria.

Nei sistemi che la supportano, la divulgazione selettiva permette di presentare alcuni attributi di una credenziale lasciandone nascosti altri. Amir, che ha sedici anni, dovrebbe poter dimostrare di avere l'età richiesta per un laboratorio senza mostrare la data di nascita completa, usando un'affermazione sull'età attestata dall'emittente o una prova derivata appropriata. Il verificatore riceve una risposta alla propria domanda, non un invito a porne altre. In alcuni casi le prove a conoscenza zero consentono di dimostrare matematicamente che una condizione è soddisfatta senza rivelare i dati da cui deriva quella conclusione. Pur non essendo magia né rimedio universale, la tecnica illustra un principio importante: verificare non deve significare necessariamente copiare.[11]

Mostrare meno non garantisce da solo l'anonimato, perché un identificativo stabile collega interazioni distinte. Richieste ripetute o dettagli sul contesto possono rivelare il collegamento anche quando l'identificativo è assente. La protezione dipende dall'intera architettura: quali informazioni rimangono sul dispositivo, che cosa raggiunge il verificatore, che cosa viene registrato, per quanto tempo e con quali possibilità di correlazione.[11]

Trasferire e recuperare le prove

Le prove devono poter passare fra verificatori, attraversare confini o spostarsi su un altro dispositivo o servizio senza perdere significato né obbligare Sofia a ricominciare. Formati interoperabili rendono possibile il trasferimento, ma la portabilità si misura quando qualcosa cambia, per esempio quando si perde un telefono o un fornitore chiude. Talvolta il servizio continua a funzionare, ma la sua interfaccia esclude qualcuno. Consegnare il controllo a una persona significa anche rendere disponibile un aiuto quando quel controllo diventa difficile da esercitare. Il recupero deve funzionare e le credenziali errate o compromesse devono essere revocabili. L'assistenza conta soprattutto per minori e anziani, oltre che per le persone con disabilità e per chiunque affronti un'emergenza. Se l'unica prova valida scompare con un oggetto o un servizio, il sistema ha spostato sulla persona il costo della propria dipendenza.

L'assistenza può includere una delega circoscritta in cui una persona ne autorizza un'altra per uno scopo e un tempo definiti, con poteri visibili, senza cedere password o dispositivi. In sanità, per esempio, un accesso d'emergenza può essere necessario quando il paziente non può comunicare, e in quel caso richiede un motivo, limiti e una verifica successiva. Il rifiuto automatico deve comunque lasciare una via di correzione, così come una scadenza o un errore, con un responsabile capace di riaprire il caso. Farsi assistere non cancella l'autonomia né fa scomparire chi riceve l'aiuto.

Il minimo strumento sufficiente

Scegliere il minimo strumento sufficiente significa cominciare dalla responsabilità, non dalla tecnologia. Spesso basta un database ben progettato, con registri degli accessi e procedure di correzione affidati a un'istituzione legittimata che risponde degli errori. Quando organizzazioni indipendenti devono condividere lo stesso stato e nessuna dovrebbe poterlo modificare da sola, può servire un registro distribuito. Una blockchain ne è una possibile forma, non il sinonimo della fiducia digitale. In entrambi i casi il potere risiede nelle regole di governo, in chi viene ammesso a partecipare, nel software e in chi può intervenire dopo un incidente. La difficoltà di modifica non è sempre un pregio. Informazioni personali e professionali devono poter essere aggiornate, revocate o cancellate. Spesso è più prudente custodire i dati presso chi ne risponde e scambiare attestazioni o prove. Il problema dovrebbe determinare l'architettura, una scelta che deve anche tenere conto delle possibili correzioni ai dati e dell'istituzione che dovrà risponderne nel tempo.[12]

Sofia incontra questa regola quando le viene proposta una procedura nuova «per maggiore sicurezza» che duplica gli stessi dati su più sistemi. Chiede quale rischio riduca e chi correggerà una discordanza. Nessuno sa rispondere subito. Il ritardo dimostra che il mezzo era stato scelto prima di definire il problema.

I registri e la verità di un'affermazione

Amir vede il limite in un progetto scolastico sulla filiera di un prodotto. Ogni passaggio lascia una traccia ordinata: provenienza, temperatura, trasporto, controlli. Poi emerge una domanda elementare: come sappiamo che il primo dato è vero? Se il sensore è guasto o qualcuno inserisce un'informazione falsa, il registro può conservarla con impeccabile precisione.[12]

L'integrità dimostra che una registrazione non è stata alterata di nascosto. Per stabilire se corrisponde al mondo servono controlli sul campo e sensori affidabili, con operatori tenuti a rispondere e confronti fra fonti, mentre resta aperta una via di rettifica. Quando una registrazione viene contestata, l'esito di questi controlli deve essere accessibile anche a chi chiede la rettifica.[12]

Il limite raggiunge anche le credenziali. Una firma autentica fedelmente un titolo assegnato con criteri sbagliati; un sistema può riconoscere con precisione la persona errata se l'iscrizione iniziale è debole. L'ordine formale assomiglia alla certezza, ma la prova tecnica ha bisogno del sostegno di un'istituzione tenuta a rispondere. Alla persona serve comunque un modo per contestare il risultato.

Garanzie pubbliche per prove private

Nel 2050 molte verifiche potrebbero avvenire senza che Sofia ne conosca il nome tecnico. La semplicità dell'interfaccia non deve però nascondere le scelte politiche. Chi stabilisce gli standard? Chi accredita gli emittenti? Chi impedisce che un portafoglio di credenziali diventi un sistema di profilazione? Di quale alternativa dispone chi non possiede lo strumento o non può usarlo?

Il quadro europeo dell'identità digitale prevede portafogli sotto la responsabilità degli Stati membri, uso volontario e presentazione selettiva di attributi. La realizzazione dipende da atti tecnici e standard e non richiede di per sé una blockchain. La regola importante è istituzionale e richiede al settore pubblico di garantire accessibilità, sicurezza, minimizzazione, audit e ricorso quando sono in gioco identità e servizi essenziali.[13]

Affiderei a un'università il compito di attestare un titolo senza darle accesso alle informazioni sanitarie di Sofia. Un ospedale ha una responsabilità diversa quando custodisce la sua cartella clinica, e quella responsabilità non si estende al seguirne ogni scelta. Progettare fiducia significa limitarla per scopo, assegnando abbastanza autorità per svolgere una funzione, ma non abbastanza per costruire uno sguardo permanente.

Esiste tuttavia un limite. Non tutto ciò che merita fiducia può diventare credenziale, perché un registro non può contenere per intero l'affidabilità costruita nel tempo, così come la cura di un vicino o il coraggio di ammettere un errore. Una società ossessionata dalle prove rischia di confondere ciò che è documentabile con ciò che è degno.

La scheda di Sofia diventa breve. Che cosa devo provare e chi può attestarlo? Qual è la quantità minima di dati richiesta? Si chiede anche se possa portare con sé la prova e recuperarla o correggerla quando serve. Infine, qualcuno deve rispondere se l'attestazione è sbagliata. Queste domande lasciano intatta la fiducia e ne limitano la portata. Individuano un responsabile e una via di rimedio senza esigere una copia eccessiva della persona.

Quando finalmente la credenziale viene accettata, Sofia non prova entusiasmo per l'architettura. Dietro lo schermo, i fornitori hanno dovuto accordarsi su standard e procedure, e le loro reti hanno dovuto trasportare la prova. Lei vede il risultato di quel lavoro in una richiesta più contenuta da parte dell'università. Il suo titolo è stato verificato. Il resto del fascicolo è ancora suo.

CAPITOLO 3

Le infrastrutture invisibili

Il giorno in cui il mondo si ferma senza fare rumore

Il modo più semplice per capire un'infrastruttura digitale è incontrarla quando smette di funzionare. Una mattina Sofia sta per sostenere un esame online e il sistema di autenticazione rifiuta la credenziale che il giorno prima aveva accettato. Non ci sono fili spezzati o sirene. La schermata pulita mostra una ruota che gira e un messaggio senza soggetto: servizio temporaneamente non disponibile.

La docente prova a ripristinare l'accesso, ma non possiede il permesso. L'assistenza dell'università vede che il corso è attivo, ma non perché il servizio di identità non risponda. Il fornitore della piattaforma segnala un problema con un componente esterno. Un gesto apparentemente unico — entrare nell'aula digitale — dipende da diverse organizzazioni e dai sistemi che gestiscono in base a contratti distinti. Nessuna persona presente controlla l'intero insieme.

Per Sofia il beneficio di quella catena è stato fino a quel momento evidente: studio da luoghi diversi, materiali sincronizzati, verifiche rapide, strumenti accessibili. Il guasto rivela il prezzo operativo di quei vantaggi. Se l'università non ha nessuno da chiamare e nessuna alternativa pronta da attivare, diventa difficile persino riconoscere una prova già fornita. In quelle condizioni, la comodità diventa dipendenza nel momento in cui conta.

Grazie a una procedura locale, l'esame comincia: in ritardo, ma comincia. Un elenco firmato, una copia minima della credenziale e un caricamento successivo. È una soluzione imperfetta che impedisce al guasto del sistema di diventare automaticamente colpa della studentessa. Le persone che hanno reso possibile l'esame attraverso una procedura locale fanno parte dell'infrastruttura dell'università.

Il dato viaggia lungo una catena

Mentre l'esame tarda, Sofia scopre che il portale non usa «i dati» come una sostanza unica. L'iscrizione arriva da un archivio, l'identità da un altro servizio, il corso e la sessione dalla piattaforma. Attributi, documenti, segnali, registrazioni e metadati seguono percorsi e tempi diversi. Ogni passaggio può migliorare il servizio oppure creare una dipendenza. La domanda utile segue il percorso: quale dato si muove, per quale funzione e sotto quale controllo in ciascun passaggio.

L'esame richiede una prova dell'iscrizione e dell'accesso al corso, insieme a una sessione valida. Anche questa prova minima fallisce se i sistemi non sanno scambiarla o un nodo diventa indispensabile.

I dati orientano diagnosi, logistica, apprendimento e servizi pubblici. Il beneficio cresce quando fonti diverse vengono messe in relazione. Cresce però anche l'esigenza di sapere da dove provengono i dati e quanto bene rappresentino la situazione pertinente. Anche il collegamento ha bisogno di autorizzazione. Un valore corretto in un archivio può diventare errato nel trasferimento o obsoleto in una copia, mentre fuori dal contesto in cui è stato raccolto il suo significato può diventare ambiguo. Le dipendenze informative sono anche organizzative. Chi corregge un attributo? Chi avvisa i sistemi che lo hanno già ricevuto? Quale versione prevale? Una catena senza un titolare tenuto a rispondere trasforma una discordanza in un pellegrinaggio in cui ogni ufficio rinvia la persona al precedente e la persona deve dimostrare ancora una volta di essere la stessa.

Durante l'attesa Sofia comincia a disegnare la catena su un foglio: università, servizio di identità, piattaforma d'esame, archivio delle iscrizioni, rete, assistenza. Non deve comprendere ogni protocollo per vedere che la parola «sistema» copriva una catena e che ogni freccia corrispondeva a un permesso, un contratto o una possibilità di errore.

Accanto a ogni freccia Sofia scrive quattro domande: da dove arriva, per quale scopo, quale versione è e chi la corregge? Un dato non conserva automaticamente lo stesso significato mentre viaggia, perché quando alimenta soglie e classificazioni diventa parte del contesto in cui una decisione viene presa. Perciò la mappa deve mostrare chi possa rettificarlo e contestarne l'esito, oltre a chi lo detiene.

Dove funziona il cloud

Il cloud offre capacità che molte organizzazioni non potrebbero costruire da sole: risorse elastiche, aggiornamenti, backup, sicurezza specializzata e distribuzione geografica. Può essere più affidabile di server locali trascurati. La metafora della nuvola, però, nasconde il fatto decisivo: quei servizi abitano data center e reti sottoposti a giurisdizioni precise, sostenuti da squadre operative e governati attraverso contratti. Per un'università che sposta un servizio nel cloud, come per un ospedale o un'impresa che fa lo stesso, la decisione riguarda come il servizio continuerà a funzionare e a quale costo, insieme a quanta autonomia conservare. Sebbene l'esternalizzazione possa migliorare la qualità, diventa cessione di capacità quando nessuno all'interno dell'organizzazione sa più descrivere le dipendenze essenziali, valutare una modifica o mantenere una modalità alternativa di funzionamento.

La concentrazione rende alcuni fornitori eccezionalmente competenti e, nello stesso tempo, importanti a livello sistemico. Un incidente può propagarsi da un componente apparentemente secondario a molti servizi che ne dipendono. Oltre al nome del fornitore principale, un'organizzazione deve conoscere anche i suoi sottoservizi critici: identità, pagamenti, notifiche, analisi, archiviazione, chiavi e collegamenti esterni.

I contratti assegnano tempi di risposta e prevedono disposizioni per registri e audit, oltre che per trasferimento e cessazione. La promessa di esportare i dati deve però estendersi a tutto ciò che fa vivere il servizio: identità, permessi, configurazioni, automazioni e log. Spostare i file senza poter ricostruire il processo lascia intatta la dipendenza. L'interoperabilità va provata in esercizio. La domanda di sovranità nasce qui e assumerà più avanti una scala geopolitica. Diventa concreta se un fornitore cambia le condizioni. L'istituzione deve sapere quali funzioni non possono andare perdute e quale margine conserva per agire. Le servono abbastanza competenza e abbastanza alternative da negoziare senza scoprire troppo tardi che la scelta è scomparsa. Non è necessario costruire tutto in casa.[14]

Anche la localizzazione dei dati e le etichette «sovrano», «di fiducia», «federato» o «ibrido» descrivono solo una parte del problema. Occorre sapere chi amministra chiavi e aggiornamenti, quali soggetti possono accedere, dove avvengono le copie, quali leggi si intrecciano e quali standard consentono il trasferimento. Una mappa utile localizza i flussi e identifica i ruoli insieme alla loro autorità.

Leggere quella mappa rende Sofia un'utente meno passiva senza trasformarla in ingegnera. Ha tutte le ragioni per chiedere perché l'accesso all'esame dipenda da un servizio esterno. Se quel servizio fallisce, chi attiva l'alternativa? La sua credenziale sarà ancora valida su un'altra piattaforma? La lucidità infrastrutturale comincia da domande che una persona non tecnica ha pieno diritto di porre.

API, piattaforme e oggetti connessi

Un'interfaccia di programmazione delle applicazioni (API) è un insieme di regole di conversazione fra sistemi. Permette a un servizio di chiedere a un altro una mappa, una verifica, un pagamento o un'autorizzazione. Questa modularità accelera lo sviluppo perché le organizzazioni combinano componenti specializzati senza costruire un unico sistema monolitico. La stessa forza diventa fragile quando cambia un formato, un prezzo o una condizione di accesso.

Le piattaforme rendono queste relazioni facili da usare e difficili da vedere. Le procedure si adattano alla loro logica, e al suo interno si sviluppano rapporti e competenze. Anche quando i dati sono esportabili, persone e processi possono conoscere un solo ecosistema. Questa dipendenza cognitiva cresce attraverso piccole comodità, perciò uscire significa riapprendere il lavoro, non soltanto spostare file.[14]

Gli oggetti connessi aggiungono un livello ulteriore. Una serratura connessa entra in una catena di decisioni comunicando ciò che rileva e ricevendo istruzioni. Può migliorare la sicurezza o aiutare qualcuno a ricevere assistenza, rendendo al tempo stesso più tempestiva la manutenzione. Una volta installata, però, tende a scomparire nello sfondo. Il governo del dispositivo deve raggiungere il fornitore e il software per tutta la sua vita, comprendendo la durata degli aggiornamenti e il comportamento senza connessione, oltre alla sostituzione finale.

La sicurezza è manutenzione ordinaria: un inventario dei componenti, credenziali gestite, aggiornamenti disponibili, segmentazione della rete, persone responsabili e procedure per quando un oggetto non risponde. Un dispositivo economico può diventare il punto più costoso della catena se nessuno ne segue il ciclo di vita.[15]

Anche la connessione che porta una richiesta all'API è un servizio composto. Può attraversare reti locali, dorsali terrestri o sottomarine, punti di interscambio internet, torri e satelliti, ciascuno con i propri proprietari, giurisdizioni e tempi di riparazione. Due percorsi nominalmente diversi possono condividere un approdo, l'alimentazione o un operatore e restare vulnerabili alla stessa interruzione. La ridondanza va quindi valutata per percorso, dipendenze condivise e capacità residua, non per numero di collegamenti dichiarati.[16]

Nel rapporto sul guasto, l'università non si ferma al nome del fornitore principale: registra quale sistema comunicava con quale, quali dati scambiavano, quale sottoservizio ha smesso di rispondere e chi poteva intervenire. La mappa assegna il guasto a un titolare tenuto a rispondere e mostra se una dipendenza tecnica è anche economica, contrattuale o geografica. Sofia non deve leggere il protocollo. Ha però diritto di sapere quale anello le ha impedito l'accesso e quale alternativa esista.

Quello che ci regge, quello che possiamo riparare

La resilienza comincia dalla funzione che un guasto non deve cancellare. Per Sofia significa poter sostenere l'esame nella finestra prevista senza essere esclusa da un errore remoto.

La continuità non conserva necessariamente ogni funzione, perché la modalità degradata è un servizio deliberatamente più ristretto, con limiti dichiarati. In una clinica, la funzione essenziale e il tempo accettabile sarebbero diversi.

Quel servizio ridotto dipende da persone sul posto che lo attivano, verificano il minimo necessario, registrano le eccezioni e riconciliano i dati quando il sistema ritorna. Questa è la competenza residua: conserva contesto e autorità sufficienti senza replicare il fornitore, così l'organizzazione non deve attenderlo alla cieca. Più persone devono condividere quella competenza ed esercitarla, mantenendo regolarmente aggiornate le proprie conoscenze mentre il servizio cambia.

La portabilità risponde a un problema diverso. Dati, identità, permessi, configurazioni e registri devono rimanere utilizzabili fuori dall'ambiente principale, senza promettere che il servizio continui invariato. Un'esportazione leggibile, pur essendo una condizione, non dimostra ancora che l'organizzazione sappia riprendere il lavoro. La prova d'uscita trasforma quella possibilità in azione: esportare, ricostruire l'assetto essenziale, completare un caso rappresentativo e poi tornare indietro riconciliando ciò che è cambiato. Insieme al tempo impiegato e agli errori commessi, misura il carico di lavoro umano e individua i sottoservizi che restano indispensabili. Un piano mai eseguito resta una speranza contrattuale.

Il lavoro manuale residuo ha valore e deve disporre di risorse. Le procedure locali dipendono da competenze non automatizzate e da persone che ricordano perché un processo esiste: tutto questo richiede formazione e tempo, con personale di riserva disponibile. Quando la modalità degradata dipende dall'improvvisazione della docente e dell'assistenza, la continuità trasferisce loro il debito. Il bilancio deve pagare la formazione e i colleghi che coprono il lavoro mentre le persone imparano. Deve anche finanziare la manutenzione della procedura locale.

Le infrastrutture modellano inoltre il tempo. La disponibilità continua alza l'aspettativa di immediatezza. La latenza appare come colpa di qualcuno. Dietro l'interfaccia, però, manutentori e operatori devono scegliere quanto rapidamente agire mantenendo sicuro il servizio. Le loro istituzioni devono decidere che cosa richieda la continuità quando queste esigenze entrano in conflitto.

Piattaforme e cloud possono restare la scelta più affidabile e proporzionata. La decisione diventa governabile quando nodi critici e responsabili sono noti, il recupero viene provato e l'alternativa riceve risorse. Una dipendenza è compresa se l'istituzione sa quale beneficio offre, come fallisce, chi interviene, quanto dura il ripristino e su chi ricade il costo.

Dopo il disservizio l'università modifica la procedura. Non promette che l'autenticazione non fallirà mai. Assegna un responsabile, collauda la modalità locale e stabilisce che un guasto esterno non annulli automaticamente la sessione. Sofia riceve una comunicazione meno rassicurante delle solite perché indica ciò che può rompersi e che cosa accadrà in quel caso.

Durante il collaudo, il servizio d'identità non risponde. L'assistenza apre il registro locale, la docente verifica l'elenco e il referente del fornitore riceve una segnalazione con un orario preciso. Entro sei minuti la sessione d'esame riprende. Nessuno ha riparato la rete. L'università ha impedito che un nodo remoto decidesse da solo l'esito dell'esame.

A salvare la sessione, però, non basta che l'aula resti aperta. La modalità degradata redistribuisce il costo. Uno studente che deve prendere l'ultimo autobus per rientrare consegna l'esame senza rileggerlo. Una lavoratrice è riuscita a ricavare dal turno una finestra di due ore, non un pomeriggio intero. Chi usa strumenti di accessibilità scopre che la copia locale conserva le domande ma non tutte le impostazioni necessarie.

Intanto la docente smette di valutare e ricostruisce identità e orari, mentre l'assistenza chiama le persone una per una. Nessuno viene formalmente escluso, eppure la continuità favorisce chi possiede dispositivi di riserva quando dispone anche di tempo e flessibilità sufficienti.

Nel rapporto, l'università registra i ritardi e il lavoro supplementare, comprese le funzioni di accessibilità perdute durante il collaudo. Riapre l'esame per chiunque non sia riuscito a completarlo, senza chiedere di giustificare di nuovo la difficoltà. Le misure di adattamento già autorizzate sono incluse nella copia locale e il personale riceve un compenso per il tempo aggiuntivo. Il solo svolgimento dell'esame non costituiva una prova sufficiente di successo. La modalità degradata deve proteggere la funzione essenziale e insieme rendere visibile chi ha sostenuto il costo di mantenerla disponibile.

Per Sofia la differenza è concreta. Prima vedeva un portale. Ora vede una catena di dati, fornitori, permessi e persone. Conosce solo parte dei dettagli e sa dove cercare la domanda successiva. Una buona interfaccia resta semplice senza fingere che il mondo sottostante lo sia.

Tre mesi dopo, il secondo collaudo mostra che la continuità non si conserva da sola. L'elenco locale contiene iscrizioni cancellate e omette cambi d'aula. La docente che conosceva la procedura è assente e il nuovo addetto trova due versioni senza sapere quale valga. La sessione riparte, ma il rapporto al rettore assegna a ogni prova un titolare dei dati e una seconda persona che non ha partecipato all'esercitazione precedente. Nei collaudi successivi cambiano i guasti. L'obbligo rimane quello di misurare il decadimento e correggere i permessi, restringendo il mandato quando il recupero rallenta.

Nell'esercitazione successiva, il secondo addetto dovrà lavorare a partire dall'elenco aggiornato, anziché dalla memoria di un collega. Il rapporto ora rende esplicita quella responsabilità. La durata di questo assetto si vedrà alla prossima serie di iscrizioni cancellate e cambi d'aula, quando qualcuno dovrà riconciliarli prima che l'esame cominci.

INTERLUDIO I

Il Test del 2050

Sette domande prima di delegare

Una mattina del 2050 una persona autorizza un servizio con un gesto più rapido di una domanda. L'interfaccia è chiara e promette comodità. Il sistema può però suggerire o agire, usare una credenziale o ricostruire una biografia, sbagliare in modo correggibile o produrre un danno prima che qualcuno lo rilevi. La semplicità del gesto non rivela la delega che sta avvenendo.

Propongo il Test del 2050 come modo per valutare una delega finché le sue condizioni restano comprensibili e contestabili e uscirne rimane possibile. Leggi e valutazioni d'impatto continuano ad applicarsi, insieme ad audit e competenze specialistiche. Il Test riprende le proprie domande da strumenti già esistenti — valutazioni d'impatto algoritmico, NIST AI Risk Management Framework, ISO/IEC 42001, obblighi di supervisione umana dell'AI Act — e aggiunge quattro regole proprie. Non calcola un punteggio, quindi una condizione Bloccante non viene mai neutralizzata da una media. Mette per iscritto la modalità di delega, così il «supporto» non può ritrovarsi a decidere senza che sia stato stabilito. Tratta l'Uscita come una domanda di primo piano, valutando la dipendenza prima che si formi. E opera alla scala di una singola decisione: un reparto, un porto o un ufficio possono usarlo senza un dipartimento di conformità. Il Test non offre un certificato che una tecnologia sia «etica». Lo uso per riunire condizioni che una promessa di efficienza tende a separare.[17]

Il Test completo usa i sette nomi con l'iniziale maiuscola e in un ordine stabile: Scopo, Mandato, Prova, Distribuzione, Danno, Ricorso, Uscita. Se un capitolo applica una parte delle domande, le introduce con «Fra le domande del Test...», perché questa applicazione parziale non equivale al Test completo.

Il Test riguarda l'intero ciclo di vita, non la sola autorizzazione. Va ripetuto quando cambiano modello, dati, fornitore, scala d'uso o persone responsabili, e comunque alla scadenza fissata. Il riesame confronta le risposte precedenti con benefici osservati, eccezioni, tempi d'intervento, ricorsi e prova d'uscita. Una risposta Sufficiente può degradarsi per dipendenza, carico o opacità, quindi deve restare possibile restringere il Mandato, correggere la procedura o interrompere prima che una scelta revocabile diventi inevitabile.[17]

1. Scopo — Quale problema reale risolve, e per chi?

Lo Scopo nomina un bisogno osservabile, chi beneficia se viene soddisfatto e un criterio di miglioramento. «Usare l'IA» o ridurre un costo non basta, soprattutto se quel costo viene trasferito a chi non può opporsi. Vanno confrontati l'alternativa meno invasiva e il costo del non intervenire. Una capacità in cerca di giustificazione non definisce un problema.

2. Mandato — Assiste, Propone, Decide o Esegue?

Le modalità descrivono autorità crescente: Assiste organizza elementi; Propone offre un'opzione; Decide seleziona un esito; Esegue agisce sul mondo o sui diritti. Ogni passaggio richiede limiti adeguati, un responsabile e una procedura di escalation. Un sistema chiamato «supporto» ma ratificato da una persona senza tempo, competenza o potere sufficienti opera di fatto in modalità Decide. Il Mandato riguarda i dati oltre all'azione: che cosa il sistema può raccogliere, conservare e inferire, per quanto tempo e su quale base giuridica. Una modalità che richiede dati che la persona non ha accettato di fornire costituisce un Mandato più ampio di quello scritto.

Quando la delega è personale — un compagno, un memoriale, un'app per la salute — il Mandato viene conferito dalla persona a un fornitore. La domanda diventa allora che cosa il fornitore possa fare senza chiedere di nuovo, per esempio cambiare il modello, la voce, il prezzo o le condizioni, e che cosa la persona possa revocare.

3. Prova — Su quali evidenze si regge?

Una risposta dal tono sicuro non basta. Servono dati o fonti pertinenti, prestazioni misurate nel contesto, limiti noti ed elementi comprensibili per chi subisce l'esito.

La risposta alla domanda Prova registra se la comprensibilità è stata verificata nel tempo disponibile e, nei casi più opachi, confronta l'esito con quello di un sistema realmente indipendente. La spiegazione deve offrire a una persona elementi sufficienti per verificare l'esito e rispondervi, anche chiedendo una correzione. Segretezza e complessità non sottraggono la decisione al controllo.

4. Distribuzione — Chi beneficia, chi paga e chi può opporsi?

Ogni sistema distribuisce tempo e lavoro, insieme a potere e rischio. Occorre vedere chi riceve il beneficio e chi viene escluso o rappresentato male. Occorre anche sapere chi rischia di non essere ascoltato quando contesta. Il conto deve registrare il lavoro aggiuntivo e le risorse consumate, includendo anche gli effetti sociali e il costo del governo. Un'efficienza che trasferisce rischio ai meno protetti non è neutrale. Per opporsi bisogna anzitutto sapere che un sistema è in uso: una persona che non viene informata non può opporsi.

5. Danno — Che cosa accade quando sbaglia?

Il Danno considera il fallimento plausibile: gravità, estensione, reversibilità e soprattutto tempo al danno, l'intervallo fra l'errore e una conseguenza difficile da correggere. Segnali d'allarme, arresto e contenimento devono arrivare prima del danno. Se il sistema agisce più rapidamente della capacità umana di comprenderlo o fermarlo — se il tempo d'intervento è più lungo del tempo al danno — il Mandato è Bloccante a quella velocità operativa e va ristretto finché il tempo d'intervento non diventa più breve del tempo al danno.

6. Ricorso — Una persona può contestare l'esito e ottenere una revisione reale?

Il Ricorso non è una casella né una risposta automatica che ripete l'esito. La persona deve sapere che cosa è accaduto, accedere alle ragioni pertinenti e raggiungere in tempo un revisore competente con autorità di modificare l'esito. Quando necessario, la correzione deve raggiungere i dati o la procedura a monte insieme al singolo caso.

7. Uscita — Si può interrompere senza perdere diritti essenziali?

L'Uscita significa poter fermare il sistema, tornare indietro, cambiare fornitore o scegliere un'alternativa praticabile. Richiede portabilità, interoperabilità, reversibilità e una prova periodica del piano. Se rifiutare comporta perdere lavoro, cura, istruzione o un servizio essenziale senza alternativa proporzionata, il consenso è soltanto formale. L'Uscita comprende i dati: che cosa viene cancellato, che cosa viene restituito in un formato utilizzabile e che cosa il fornitore può conservare. Tre misure rendono verificabile l'Uscita: il costo del passaggio, in tempo e denaro; una prova di portabilità realmente eseguita, con la sua data; e la quota del compito che l'organizzazione sa ancora svolgere manualmente.

I tre stati della risposta

Ogni risposta riceve uno stato. Sufficiente significa che prove e condizioni sostengono una decisione entro il perimetro scritto. Irrisolta richiede un responsabile, una verifica e una scadenza. Bloccante impedisce la delega finché la condizione non cambia. Questi stati qualificano la risposta, non il prodotto: dicono se la delega può procedere, non quanto sia desiderabile il sistema.

Non si calcola una media. Qualsiasi risposta Bloccante comporta Non delegare prima dell'uso e Interrompere durante l'uso. In assenza di risposte Bloccanti e con almeno una Irrisolta, l'esito è Limitare e provare, con effetti reversibili, responsabile, prova, scadenza e meccanismo d'arresto già scritti. Con tutte le risposte Sufficienti, Procedere diventa consentito, con condizioni e data di riesame; non è obbligatorio e resta disponibile un Non delegare motivato. Quando sono in gioco salute, libertà, reddito, istruzione, identità, servizi essenziali o sicurezza, una risposta Irrisolta su Mandato, Danno, Ricorso o Uscita vale come Bloccante.

Anche non delegare può produrre danno. Rinviare un sistema capace di abbreviare un'attesa può lasciare senza quel beneficio chi ha meno alternative. Il danno dell'azione è spesso visibile e attribuibile. Quello dell'attesa si disperde fra code e occasioni perdute, raggiungendo persone che nessuna decisione nomina. Considererei il Test incompleto se trattasse l'inerzia come una posizione neutrale.

Per questo il costo della non adozione va stimato con la stessa disciplina del danno prodotto dall'adozione. Scopo, Distribuzione e Danno esaminano entrambe le strade: chi beneficia o aspetta, chi sostiene il costo, qual è il tempo al danno, quali evidenze sostengono la stima e quale rimedio è ancora disponibile. Karim, nel capitolo 5, mostra che la cautela altrui diventa tempo sottratto alla sua vita. Le prove delle due alternative non sono sempre simmetriche e la fretta può gonfiare benefici promessi. L'incertezza resta Irrisolta, ma non attenua una condizione Bloccante né inventa Ricorso, Uscita o autorità d'arresto.

Anche Procedere conserva condizioni e data di riesame. Gli altri esiti governano il limite senza trasformarlo in un fallimento dell'innovazione.

La scheda minima

Prima dell'uso, una breve scheda identifica sistema e contesto e registra, per ciascuna domanda, le evidenze e lo stato. Registra anche il costo della non adozione — chi aspetta, per quanto tempo, con quale danno — con un proprio stato, che alimenta Scopo, Distribuzione e Danno, e il tempo al danno che stima a confronto con il tempo d'intervento che ha misurato. Indica il responsabile, i limiti, il meccanismo d'arresto e la data di riesame, e conserva la decisione e le sue ragioni.

Affianca la documentazione tecnica. Ciascuna delle sette domande conserva la propria risposta, indicando a chi consulta la scheda chi ne risponde e quali evidenze ha usato.

Il Test è una proposta. Verrà validato nell'unico modo in cui questi strumenti possono esserlo: compilandolo, confrontandolo fra casi e correggendolo. Le schede del Centro risorse esistono per questo scopo, e pubblicherò ciò che mostrano.

PARTE II

Governare la delega

CAPITOLO 4

Il lavoro che resta umano

La produttività e i suoi limiti

Davide arriva in ufficio prima degli altri, come faceva anche dieci anni prima, ma il silenzio che trova nel 2050 non è più quello di un luogo ancora vuoto. Durante la notte i sistemi hanno riordinato le priorità, simulato la domanda, riscritto bozze di offerte, segnalato rischi contrattuali e proposto variazioni di prezzo. Hanno anche suggerito una riorganizzazione del lavoro: meno ore per chi risponde lentamente, più compiti a chi chiude le pratiche in fretta. Il cruscotto presenta il piano come un guadagno netto. Davide, però, riconosce alcuni nomi. Sa che una risposta rapida non è sempre una risposta buona e che i casi più difficili lasciano tracce peggiori proprio perché richiedono più tempo. Il lavoro preliminare è stato fatto. Ora Davide deve decidere se fidarsi, dove rallentare e su chi ricadrebbe il costo di un'efficienza calcolata male.

Per anni il futuro del lavoro è stato raccontato come una gara fra persone e macchine. La trasformazione reale è meno teatrale. Un mestiere perde alcuni compiti e ne acquista altri. I datori di lavoro cominciano a organizzare e retribuire diversamente il lavoro, e cambia di conseguenza il criterio con cui una persona ottiene riconoscimento. L'unità da osservare diventa il modo in cui si distribuiscono le attività e ricadono autorità e rischio, non il posto di lavoro preso come un tutto indivisibile. Il lavoro resta centrale perché la possibilità di progettare una vita sicura dipende dal reddito e dalla reputazione che offre. Quando una competenza costruita per anni diventa assistita o comune, qualcuno acquista tempo e leva. Nello stesso luogo di lavoro, un collega può perdere margine o occasioni di apprendimento, con meno potere per contestare il nuovo assetto. La domanda del capitolo è concreta: quando cambiano le attività, chi assume le responsabilità e chi assorbe l'errore?[18]

Il grande spostamento: dalle attività alle responsabilità

Per molto tempo molti lavori sono stati definiti dall'insieme delle operazioni che li componevano: scrivere rapporti, controllare fatture, leggere documenti, rispondere a richieste, organizzare appuntamenti, pianificare turni, monitorare scadenze. Quei passaggi intermedi non erano solo burocrazia. Erano anche il luogo in cui si formava la competenza: sapere dove guardare, che cosa ordinare, quale eccezione riconoscere, chi avvisare prima che un errore diventasse danno.

L'automazione avanzata sposta il baricentro. Molte operazioni intermedie vengono eseguite dai sistemi abbastanza bene e rapidamente da cambiare l'organizzazione, anche senza essere migliori in assoluto. Il valore umano migra così dalle singole attività verso le responsabilità complessive: formulare la domanda giusta, capire il contesto, interpretare un'eccezione, proteggere una relazione, assumersi il rischio di una decisione, fermarsi quando tutto suggerirebbe di correre.

Un conto è produrre dieci rapporti al giorno. Un altro è capire quali meritino fiducia, quali cambierebbero davvero una scelta e quali nascondano un errore che il modello non vede.

Nell'impresa di Davide, una giovane collega riceve in pochi minuti l'architettura di un dossier che un tempo avrebbe imparato a costruire correggendo le bozze sulla base delle fonti. Il risultato è migliore di molte prime versioni e il cliente potrebbe riceverlo prima. Davide si chiede però quali ragionamenti restino invisibili quando una persona vede soltanto l'esito.

Il venerdì seguente Davide le consegna un dossier già chiuso e nasconde per un'ora la sintesi automatica. Non le chiede di imitare il lavoro di dieci anni prima. Le chiede di individuare le fonti decisive, segnare l'ipotesi più fragile e spiegare quale informazione cambierebbe la raccomandazione. Quando riaprono la sintesi, due conclusioni coincidono; la terza no. Il sistema ha trattato come ordinario un vincolo contrattuale raro. La collega non ha prodotto più pagine, ma ha imparato dove una risposta plausibile smette di reggere.

L'esercizio entra nel calendario, insieme al confronto con una persona esperta e alla possibilità di firmare gradualmente parti del lavoro. Cercare un errore richiede tempo protetto. Lo richiedono anche spiegarlo a qualcun altro e seguirne la correzione fino in fondo. Quel tempo diventa parte del prodotto, anche se il cliente non lo vede mai. Non ogni lentezza merita protezione. Questa sì, perché costruisce la capacità di contestare ciò che il sistema produce.

Lo spostamento riguarda anche chi dirige. Se pianificazione e sintesi sono assistite, guidare non può ridursi ad approvare ciò che il cruscotto ordina. Davide deve proteggere il tempo in cui la collega impara e, insieme, spiegare perché quel tempo riduce il margine del trimestre. Più il coordinamento automatico funziona, più conta chi ha l'autorità per interromperlo e motivare un'eccezione. Qualcuno deve anche sostenere il costo di quella decisione.

Nel deposito dove lavora Karim, il sistema assegna baie e stabilisce sequenze di carico con i tempi previsti. Una persona appena entrata vede sul palmare l'ordine corretto e potrebbe completare il turno senza sapere perché certi colli non vadano affiancati o perché una cinghia apparentemente tesa debba essere controllata di nuovo dopo pochi chilometri. Karim interrompe il flusso, mostra il peso spostato verso un lato e fa ricostruire la sequenza. Il cruscotto registra sette minuti oltre lo standard senza registrare la competenza che quei minuti stanno formando.

Compiti compressi, giudizio redistribuito

La trasformazione non divide professioni destinate a sparire e professioni destinate a salvarsi. Dentro lo stesso mestiere alcuni compiti si comprimono e altri acquistano peso. Alcuni si prestano facilmente alla standardizzazione, mentre altri dipendono molto dalle relazioni e dal contesto, oppure hanno conseguenze che rendono difficile assorbire un errore. Al di là di queste differenze, chi conserva accesso alle ragioni e autorità sulle eccezioni ha un vantaggio decisivo.

Negli uffici si comprimono la preparazione di bozze standard, l'inserimento dei dati e le riconciliazioni. Nei lavori tecnici e di relazione i sistemi possono ridurre la burocrazia, ordinando segnali e proponendo diagnosi. In tutti questi casi acquista peso il lavoro meno catalogabile. Negoziare e ascoltare si affiancano al lavoro di ricostruire un'eccezione. Se l'organizzazione scambia l'automazione di alcune funzioni per irrilevanza dell'intero ruolo, perde le persone capaci di capire dove il caso smette di assomigliare al modello. Fra l'esecuzione e la decisione finale esistono inoltre ruoli intermedi facili da scambiare per puro passaggio: chi coordina un turno, prepara un fascicolo, traduce una richiesta tecnica, controlla una consegna o collega due uffici. Se il sistema assorbe il trasferimento delle informazioni, il ruolo non deve per forza scomparire, perché può attribuire a qualcuno la responsabilità delle eccezioni e della verifica delle dipendenze su cui si regge il lavoro. Conservare la storia delle correzioni che altrimenti andrebbe perduta è un'ulteriore responsabilità di quel ruolo. Perché accada, però, il ruolo ha bisogno di autorità e riconoscimento, non di un nuovo elenco di allarmi da smaltire.

Quando quel livello viene tagliato per il solo fatto che non produce un esito finale, i problemi arrivano più rapidamente a persone che hanno meno contesto per comprenderli. Il dirigente riceve una sintesi pulita, mentre chi è davanti al cliente riceve un'eccezione senza storia. Il risparmio appare in una colonna, mentre il lavoro di ricostruzione riemerge come attesa e telefonate. Le decisioni vengono rinviate mentre qualcuno ricompone la storia. Trasformare un ruolo intermedio significa allora chiedere quale conoscenza trasportava e dove quella conoscenza debba vivere dopo l'automazione.

Nemmeno l'arbitrio merita protezione. La discrezionalità competente richiede motivazioni registrate, aperte al confronto con casi simili, insieme al potere di correggere un esito. Ridurre capriccio ed errore ripetitivo attraverso l'automazione non richiede di cancellare ascolto ed eccezioni. La soglia dipende dalle conseguenze, perché una bozza interna si può correggere, mentre una valutazione professionale o l'assegnazione di un turno può togliere reddito prima del riesame. Quanto più l'effetto è rapido, tanto più servono tempo per verificare e autorità effettiva per cambiare l'esito.

La frattura invisibile: chi sale e chi scivola

L'automazione promette meno errori e più tempo per un lavoro che prima sembrava fuori portata. La frattura si apre quando benefici e costi prendono direzioni opposte. Alcune persone acquistano leva e reddito, con più autonomia sul proprio lavoro. Altre vengono spinte verso ruoli più precari e sorvegliati. La linea di divisione non segue semplicemente il livello di istruzione. Passa anche fra chi può modificare il processo e chi deve limitarsi ad adattarsi a decisioni prese altrove. La formazione continua non può essere un ordine rivolto al singolo. Ore di apprendimento dentro l'orario, accesso a tutor e casi reali, riconoscimento dell'esperienza e percorsi praticabili per chi lavora o assiste una famiglia sono costi della transizione. Se l'impresa ottiene produttività oggi e trasferisce quei costi sul lavoratore, una trasformazione collettiva viene presentata come insufficienza personale.[19]

Karim vede la differenza quando l'impresa introduce un nuovo sistema di pianificazione. Il primo corso viene offerto alla fine del turno, senza retribuzione e con posti assegnati a chi conferma entro la sera. Partecipano soprattutto le persone con orari stabili. Chi riceve il calendario giorno per giorno deve scegliere fra la formazione e un turno possibile. Dopo un mese, il completamento del corso entra fra i criteri per ottenere gli incarichi migliori. Un'opportunità formalmente aperta ha già separato chi dispone del proprio tempo da chi deve venderlo un'ora alla volta.

Il programma cambia quando i lavoratori mostrano quell'effetto di selezione. Le esercitazioni passano dentro turni retribuiti, con sostituzioni previste e più finestre per lo stesso modulo. L'esperienza sul campo vale come punto di partenza, non come scusa per saltare l'apprendimento. Karim porta due casi in cui il percorso suggerito avrebbe esposto il carico a un rischio evitabile. Invece di un premio per avere avuto ragione, riceve tempo per rendere il proprio criterio utilizzabile anche dagli altri. La formazione smette così di misurare disponibilità privata e comincia a costruire capacità comune.

I guadagni di produttività possono dare alle persone tempo o reddito e sostenere formazione e sicurezza. Possono anche finire interamente a chi possiede il sistema. Un contratto contribuisce a stabilire chi riceve quei guadagni. «Produttività» non nomina ancora un beneficio, perché bisogna dire per chi, in quale intervallo e con quali costi trasferiti. Quando vantaggio e adattamento si separano, i lavoratori perdono mansioni e rischiano di perdere autonomia e il racconto con cui avevano imparato a spiegare il proprio posto nel mondo. Nessuna organizzazione può promettere stabilità eterna. Dovrebbe annunciare i cambiamenti abbastanza presto da permettere alle persone di prepararsi, offrendo percorsi verso nuovi ruoli che riconoscano quanta parte della loro esperienza rimane utile. La responsabilità della transizione ricade su chi ridisegna il ruolo e non può essere scaricata su chi rischia di perderlo.

Misurare le prestazioni del sistema

Molte tecnologie non si limitano ad assistere il lavoro: lo rendono leggibile in un dettaglio prima impensabile. Per governare quella visibilità vanno distinte tre operazioni. Il controllo dei lavoratori ricostruisce consegne e deviazioni, insieme a movimenti e pause; la verifica del sistema chiede se dati e suggerimenti migliorino davvero il lavoro nelle condizioni dichiarate; la fiducia professionale consente a una persona competente di discostarsi dall'indicazione, spiegare perché e ottenere un riesame senza essere punita per ogni scarto. Confonderle trasforma la prova dello strumento in sorveglianza continua di chi lo usa.

Un centro di assistenza può ridurre la durata delle chiamate lasciando irrisolti i problemi. Una squadra può aumentare le consegne nascondendo rischi. In entrambi i casi la misura registra quanto le persone si avvicinano all'obiettivo, mentre la verifica richiede di cercare effetti laterali osservabili e casi contrari. Qualcuno deve anche essere autorizzato a sospendere la metrica se quei controlli ne mettono in discussione la validità.

Nell'ufficio di Davide, il numero di pratiche chiuse premia inizialmente chi accetta la bozza senza riaprirla. Una lavoratrice che verifica tre allegati e telefona al cliente sembra meno produttiva di chi conclude in pochi minuti. Quando il gruppo riesamina i casi, scopre che le sue pratiche richiedono meno correzioni e generano meno contestazioni. Il primo indicatore non mentiva, perché contava davvero le chiusure. Era la decisione di usarle come misura del buon lavoro a trasformare un dato parziale in giudizio sulla persona.

Davide non sostituisce il conteggio con un ritratto ancora più invasivo. Aggiunge al cruscotto danni evitati e tempo di apprendimento, insieme a campioni di qualità e pratiche riaperte, per verificare se il sistema serve lo scopo dichiarato. Chi viene valutato può portare il caso che la media nasconde a qualcuno autorizzato a cambiare la misura prima che incida sull'assegnazione dei turni. Lo strumento viene così sottoposto a prova senza chiedere alla persona di rendere trasparente ogni minuto.

Chi subisce una misura deve sapere che il sistema ha inciso sull'esito, poter correggere gli elementi inesatti e raggiungere in tempo chi può cambiare l'esito. Le garanzie vigenti variano per settore e ordinamento. Qui la soglia è più limitata. Per fiducia professionale intendo dare a una persona spazio per spiegare una deviazione e lasciare traccia della ragione. Qualcuno con autorità reale la esamina poi senza trattare la deviazione stessa come un fallimento.[20]

Chi svolge il compito vede eccezioni e scorciatoie pericolose assenti dai dati iniziali. Coinvolgerlo nella progettazione porta quella conoscenza nelle regole e nei registri usati per applicarle, contribuendo anche a stabilire quando un caso debba essere riaperto, senza attribuirgli un veto sull'innovazione. L'organizzazione può allora apprendere da ciò che la metrica non aveva previsto, invece di registrare ogni deviazione come colpa.

Dove ricade la responsabilità

L'impresa deve dare forma concreta a queste pratiche. Il riesame considera benefici attesi e danni evitati, chiedendo quali siano gli effetti su reddito e qualità e che cosa cambi per l'apprendimento, e nomina chi può sospendere una metrica e chi risponde alla persona che ne subisce l'esito. Affiancamento e analisi entrano nell'orario, insieme alla manutenzione che mantiene utile il sistema, così il costo della prudenza compare nelle ore che l'impresa paga realmente.

Davide torna alla proposta del mattino. Il risparmio promesso dipende da fattori che i lavoratori non possono conoscere e da casi complessi trattati come semplice lentezza. Sospende il piano e convoca il gruppo per riesaminarlo prima che cambino orari e valutazioni. Il trimestre perderà margine, e lui dovrà spiegare quella decisione a chi si aspettava il guadagno. Per i lavoratori, il riesame determina come verrà valutato il loro tempo quando arriverà il prossimo caso difficile. Sul calendario rimane vuoto lo spazio in cui il cruscotto aveva già scritto il guadagno.

CAPITOLO 5

Governare la città che osserva

Il mandato dello sguardo pubblico

Alle sette e venti del mattino Elena entra nella sala riunioni del municipio. Sullo schermo, il progetto del nuovo polo logistico appare come una promessa ordinata: meno camion nelle strade residenziali, consegne coordinate, consumi energetici più bassi, tempi di soccorso ridotti. In fondo alla presentazione, una nota tecnica descrive la condizione che tiene insieme il pacchetto. Le telecamere del polo, dei varchi e delle strade circostanti dovranno collegare volti, spostamenti e registrazioni degli accessi per costruire profili di rischio. «Se separiamo l'identificazione dal resto, il fornitore ricalcola tempi e prezzo», dice la responsabile degli acquisti. Elena guarda la mappa del quartiere di Karim e chiede di non firmare ancora.

I comuni hanno sempre raccolto dati dei censimenti, registri, mappe catastali, statistiche sanitarie e dati sui consumi. Nel 2050 sensori e reti trasformano però la registrazione in azione quasi immediata: un semaforo cambia ritmo, una linea di trasporto modifica la frequenza, una squadra parte prima del guasto e un quartiere entra in una categoria di rischio. Meno attese e danni evitati sono benefici concreti. Questa capacità può spostare servizi e relative priorità prima che i residenti capiscano che cosa è cambiato. Usare gli stessi segnali per i controlli alza ulteriormente la posta, quindi il mandato non può essere dedotto dalla capacità tecnica.

Ogni sistema urbano registra ciò per cui è stato costruito. Uno stesso strumento registra il traffico senza cogliere la paura di attraversare una strada, oppure conta gli ingressi in un parco senza spiegare perché alcune persone abbiano smesso di frequentarlo. Anche il tempo di percorrenza tace l'umiliazione di chi deve cambiare tre mezzi. Parto dal mandato dello sguardo pubblico: che cosa può osservare un'amministrazione per servire, e che cosa deve scegliere di non trasformare in profilo?

Coordinare i servizi pubblici

Il passaggio decisivo consiste nel collegare infrastrutture prima separate. Installare sensori e app, o aggiungere un cruscotto, non basta di per sé a creare quei collegamenti. Quando trasporto e servizi territoriali dialogano con la rete elettrica e i sistemi idrici e si collegano alla pianificazione climatica, il coordinamento può restituire tempo e prevenire guasti. Può anche rendere disponibili per molti usi dati raccolti con uno scopo più stretto. A ogni passaggio qualcuno deve poter esibire l'atto che autorizza il riuso e dichiararne la scadenza; quell'atto deve anche indicare chi ha l'autorità per interrompere l'uso.

Integrare significa scegliere dipendenze. Una piattaforma che riunisce mobilità e servizi insieme a pagamenti e identità semplifica la vita. Se si basa su formati chiusi o contratti opachi, cambiare strada diventa costoso, come accade anche con interfacce revocabili. Standard aperti e competenze interne aiutano l'amministrazione a mantenere la portabilità e a far rispettare il mandato autorizzato dalla comunità.

Nessuna di queste capacità richiede un cervello urbano onnisciente. L'idea di una cabina di regia che vede tutto e corregge tutto confonde coordinamento e obbedienza. La vita urbana è conflittuale e irregolare. Un modello centrale ne appiattisce inevitabilmente una parte. L'amministrazione apprende mettendo alla prova i propri criteri di fronte a eccezioni visibili e modificando poi ciò che produce esclusione. Nel contesto urbano, questo lavoro permette di correggere una classificazione di quartiere prima che modifichi servizi e controlli senza una decisione riconoscibile.

Karim incontra la differenza durante il turno. Il sistema di consegna gli indica un percorso più rapido e poi lo penalizza per una sosta che il modello registra come inattività. Lui si era fermato perché un ragazzo in bicicletta aveva tagliato il varco. Il ricorso richiede tempo, la penalizzazione riduce per alcuni giorni la priorità dei suoi turni, ma la registrazione viene infine corretta. L'errore dell'algoritmo non ha nulla di eccezionale. Qui conta la regola: la città e l'impresa devono decidere se una misura possa diventare giudizio prima che la persona abbia il modo di rispondere.

Quattro settimane dopo la correzione, un'altra sosta apre il registro del carico. Il supervisore vede un fissaggio difettoso, chiama il magazzino e chiude il caso senza togliere il turno: gli undici minuti diventano controllo, non inattività. Quando il fornitore propone di restringere la causale perché le soste registrate aumentano, i conducenti mostrano tre danni evitati grazie a quel passaggio. L'impresa separa allora il tempo di consegna dal danno evitato, riconosce quaranta minuti pagati per discutere i casi e consente al responsabile di sicurezza di sospendere l'uso dell'indicatore quando manca la documentazione.

Per un trimestre la produttività dichiarata scende. Karim non recupera il reddito già perso. La sua contestazione entra nel modo di operare dell'istituzione quando cambia la metrica e il tempo retribuito per il riesame. Ora anche altri condividono l'autorità per metterla in discussione.

Servizi essenziali, costi distribuiti

La mobilità rende visibile la distribuzione dei benefici. Pianificazione dinamica e trasporto pubblico possono ridurre attese e traffico. Se però chi paga acquista sempre tempi migliori, mentre una linea periferica, una fermata usata da poche persone anziane o un percorso accessibile più lento vengono giudicati inefficienti, l'ottimizzazione fa dipendere la qualità del servizio da reddito e indirizzo, oltre che da età e disabilità. Il mandato pubblico deve mantenere accessibili le destinazioni quotidiane, come la scuola, anche quando il servizio non è redditizio. Deve dichiarare chi riceve i minuti risparmiati e chi continua a spenderne di più.

Nell'abitare, sensori e manutenzione predittiva possono segnalare un guasto. Per una persona fragile sono un alleato, ma diventano un mezzo di osservazione continua quando proprietario, condominio, assicurazione e gestore possono ricavare usi diversi dagli stessi segnali. Il confine politico non passa dal sensore in sé, ma da chi riceve i dati e dalla possibilità reale di rifiutare un uso ulteriore senza perdere un servizio che protegge la persona o mettere a rischio la sua abitazione.

L'accesso all'ombra mostra la stessa frattura. Sensori e modelli climatici possono anticipare interventi prima che il caldo o la fragilità delle reti producano danni più gravi. Se la protezione arriva sempre prima nei quartieri con più voce e risorse, la previsione amplia la distanza che avrebbe dovuto ridurre. Anche un distretto ad alte prestazioni ambientali fallisce il proprio mandato quando l'aumento di valore degli immobili espelle chi lo abitava. Fra gli esiti da misurare devono comparire quindi chi riceve protezione e chi riesce a restare.

Lo sportello dietro lo schermo

Una parte decisiva del governo urbano lavora lontano dalle immagini spettacolari. I sistemi comunali smistano richieste, stimano priorità, integrano archivi e suggeriscono interventi. Per i residenti possono significare meno code e moduli più semplici, perché gli uffici finalmente scambiano le informazioni necessarie. Il valore della semplificazione si decide però quando una nascita, un cambio di residenza o una richiesta assistenziale escono dal percorso previsto, perché il caso deve trovare ancora una persona capace di comprenderlo e un ufficio autorizzato a correggerlo.

Molto viene deciso prima dell'accensione, dentro criteri di acquisto, capitolati e contratti. Se il comune compra una soluzione senza poter conoscere la provenienza dei dati pertinenti, verificare le prestazioni, esportare gli archivi o cambiare fornitore, affida il proprio futuro a clausole che quasi nessun residente leggerà. La domanda sull'uscita appartiene dunque alla progettazione: possiamo continuare il servizio se il fornitore cambia condizioni, fallisce o rifiuta una correzione?

Nella sala riunioni Elena torna alla mappa e chiede di spegnere, uno alla volta, i livelli di dati. Il conteggio dei flussi continua a essere utile; gli allarmi delle aree operative anche. Quando scompare il tracciamento dei volti, il consulente indica in rosso la perdita di accuratezza. Elena prova a rispondere, poi si ferma perché la frase che aveva preparato le sembra troppo pulita. Fa proiettare l'elenco degli accessi e domanda quale atto abbia autorizzato quel compito fuori dai varchi. Nessuno risponde. «Allora non è ancora una funzione del progetto.»

Per un residente, un ricorso reale comincia da una notifica comprensibile: quale decisione è stata presa e quali elementi pertinenti l'hanno sostenuta. La notifica deve anche indicare l'ufficio autorizzato a riaprire il caso. Lo sportello umano deve restare raggiungibile per chi non conosce il linguaggio tecnico, anche senza app o credenziali perfette. Deve poter consultare il registro pertinente, correggere gli elementi inesatti, sospendere la conseguenza quando il ritardo renderebbe inutile il riesame e comunicare un esito motivato. Pur potendo diventare più piccolo e meglio informato, nei servizi essenziali non può scomparire.

Prevenire, sorvegliare, comandare

La sicurezza rende il conflitto più difficile perché molte tecnologie salvano davvero vite. Per non allargare il mandato con una sola parola, occorre distinguere tre operazioni. Prevenire significa rilevare un incendio, il cedimento di un ponte o un guasto e attivare un intervento. Sorvegliare significa collegare gli eventi a identità e percorsi nel tempo. Comandare comincia quando un segnale nega un accesso, alza una categoria di rischio, indirizza un controllo o modifica un servizio. Il passaggio da una funzione all'altra conserva le sue conseguenze anche quando la stessa infrastruttura serve entrambe.

Il mandato deve cambiare quando cambia la funzione. Usare un sensore per osservare la struttura di un ponte e attivarne la chiusura non richiede di ricostruire l'identità di chiunque lo attraversi. Un controllo biometrico ai varchi interni può restare limitato all'accesso previsto. Estenderlo alle strade del quartiere non diventa autorizzato soltanto perché i sistemi sono già collegati. Quando un segnale produce un diniego, una priorità o un controllo, le persone devono poter vedere il criterio usato e identificare l'ufficio responsabile, e devono anche sapere chi ha l'autorità per sospendere l'effetto prima che l'errore si propaghi.

La distinzione diventa concreta nel polo logistico. Gli allarmi collegati ai soccorsi, insieme ai posti di lavoro promessi, non richiedono necessariamente un perimetro biometrico. Eliminarlo, però, impone una nuova progettazione, con la perdita dello sconto iniziale e il rinvio dell'apertura. Alcuni residenti chiedono controlli più stretti; altri temono che il quartiere diventi uno spazio sotto sorveglianza. Nessuna delle due preoccupazioni è inventata.

La seduta pubblica comincia nel pomeriggio. Irene aspetta che il consulente chiuda la mappa, poi posa sul tavolo il calendario del cantiere, fitto di date cancellate. È favorevole al polo perché ricorda gli incidenti ai varchi, i furgoni davanti alla scuola e le ambulanze rallentate nel piazzale. Non difende il pacchetto biometrico. Indica però la colonna delle assunzioni, ancora vuota, e chiede per quanto la cautela possa rinviare l'apertura prima di diventare essa stessa una decisione. «La sicurezza futura può essere un alibi», dice. Fa scorrere un dito sulle settimane perdute. «Ma anche la prudenza presente può diventarlo.»

Elena non contesta i costi del rinvio, compresi i turni instabili che pesano soprattutto su chi non può attendere. Chiede però perché quel costo debba essere pagato estendendo la sicurezza dei varchi al quartiere. Irene risponde che le funzioni possono essere separate soltanto se il comune dichiara tempi, finanziamento e protezioni provvisorie. Elena teme che l'urgenza trasformi un'eccezione in infrastruttura permanente; Irene che una soglia senza calendario faccia pagare la prudenza a chi non può accelerare il processo. Irene chiede perciò date e cifre legate ai responsabili che dovranno rispettarle; rifiuta di trattare la promessa di lavoro come una garanzia.

Karim è seduto in fondo e prende la parola quando può. Non ringrazia Irene per aver nominato il lavoro e non offre a Elena una conferma. Dice che un turno stabile cambierebbe i conti di casa e che il piazzale provvisorio è pericoloso quando piove. Dice anche che non vuole consegnare il percorso fra fermata, strada e magazzino in cambio della possibilità di entrare. «Il reddito mi serve adesso», conclude, «e adesso ho bisogno di sapere chi userà quei dati contro di me.» Non chiede a nessuna delle due di scegliere al suo posto.

Dopo l'intervento di Karim, Irene non cerca una sintesi. Gli chiede le ore perse in settimana. «Nove», risponde, massaggiandosi il polso indolenzito; il turno spezzato del giorno prima gli ha lasciato un intervallo troppo breve per tornare a casa e troppo lungo per essere pagato. Elena prende nota, ma non promette ancora una data di apertura. Irene propone di separare il voto sul polo dall'autorizzazione biometrica e di chiedere entro trenta giorni costo, calendario e responsabili della versione limitata. Nessuna data restituisce quelle nove ore. Irene chiude il foglio: «Se chiediamo tempo agli altri, quel tempo deve comparire nel nostro conto.»

Fra le domande del Test, quattro impediscono alla discussione di fermarsi alle intenzioni. Lo Scopo è proteggere il polo o rendere identificabile il quartiere? Il Mandato riguarda assistenza, prevenzione o classificazione delle persone? La Distribuzione mostra chi riceve il beneficio e chi sostiene il rischio di un errore. Il Ricorso chiede se un abitante venga a sapere dell'associazione a un profilo in tempo per contestarla. Una correzione deve arrivare prima che l'associazione venga riutilizzata. Finché le risposte restano vaghe, Elena sospende l'aggiudicazione. La sospensione mantiene il progetto aperto alla valutazione, ma impone al capitolato di definire i limiti prima dell'autorizzazione.

Propongo qui una soglia stretta: una città non dovrebbe identificare tutti per cercare pochi.[21]

Contare anonimamente chi attraversa una piazza è diverso dal costruire la storia riconoscibile di ciascuno. Rilevare un malore è diverso dal classificare preventivamente un quartiere. Autenticarsi volontariamente per accedere a un servizio è diverso dall'essere riconosciuti ovunque. La prevenzione rimane compatibile con la libertà soltanto se scopo, durata, accesso ai dati e possibilità di ricorso restano delimitati.

Quartieri leggibili, disuguaglianze visibili

Le città cambiano in modo diseguale. I dati possono mostrare dove il trasporto è fragile, l'aria peggiore, i tempi di intervento più lunghi e il verde più raro. Possono aiutare a correggere squilibri storici. La stessa mappa può guidare investitori e assicurazioni che traducono vulnerabilità in costo o selezione. Un quartiere diventa più leggibile e rischia, nello stesso gesto, di essere descritto soltanto attraverso ciò che gli manca.

La prossimità conserva valore. Biblioteche, scuole, mercati, case della salute, spazi civici, piazze e trasporto accessibile tengono insieme la città prima di ogni ottimizzazione. Anche il commercio locale può usare dati sui flussi, consegne coordinate e strumenti digitali. Se ogni ordine passa da un'unica piattaforma, le vetrine restano mentre il controllo dell'accesso ai clienti si sposta altrove. La piattaforma acquista influenza sui margini e conserva le informazioni generate da ogni ordine.

Per altre cinque settimane i camion continuano a passare davanti alla scuola, la linea dell'autobus mantiene la deviazione provvisoria e due negozi rinviano le assunzioni. In assemblea, chi ha chiesto il limite biometrico viene accusato di aver fermato tutto, mentre chi sosteneva il progetto deve spiegare perché occupazione e sorveglianza fossero state vendute nello stesso pacchetto. Ogni venerdì Elena pubblica un rendiconto degli incidenti segnalati, delle ore di lavoro non ancora programmate, dei costi di riprogettazione e delle decisioni aperte. Impedisce che l'attesa sembri gratuita o venga addebitata interamente a Karim. Accanto ai costi del rinvio, registra quelli che la versione originaria avrebbe scaricato sul quartiere.

Il capitolato rivisto conserva sensori anonimi per distribuire il traffico dei veicoli, allarmi per le aree operative e identificazione limitata ai varchi interni. Impone periodi di conservazione e verifica indipendente. Il canale di ricorso conduce a uno sportello municipale accessibile senza app, dove l'ufficio può mostrare l'associazione contestata, correggerla, sospenderne il riuso e registrare l'esito. Il capitolato conserva inoltre canali di consegna che non obbligano i negozi del quartiere a dipendere da un'unica piattaforma. La soluzione promette meno integrazione e richiede più competenza comunale. Anche le sue parti si separano più facilmente, rendendo una correzione o una sostituzione meno destabilizzante per il resto del servizio.

La città come patto civico

Quando il progetto torna in consiglio comunale, Elena non può dimostrare che la versione limitata impedirà ogni abuso, né che quella originaria avrebbe certamente prodotto un danno. Le evidenze indicano chi avrebbe avuto accesso ai dati, per quanto tempo, con quale possibilità di riuso e quale ricorso avrebbero avuto gli abitanti. L'opposizione le attribuisce il ritardo e il costo aggiuntivo. Alcuni sostenitori della sicurezza giudicano insufficiente il nuovo sistema.

Il polo apre più tardi. Karim ottiene il turno, ma le settimane perse non gli vengono restituite. Elena conserva il progetto e perde una parte del consenso costruito sulla promessa di rapidità. Il consiglio rinuncia a una precisione potenzialmente utile nelle indagini future; evita, in cambio, di creare oggi un archivio biometrico generalizzato. Nessuno saprà quantificare perfettamente né il rischio accettato né quello evitato.

Un cittadino è più di un utente ben servito. Un abitante deve poter capire, contestare, partecipare e attraversare una piazza senza essere sempre tradotto in un segnale identificabile. Un certo grado di opacità lascia spazio all'anonimato ordinario e alla spontaneità. Gli abitanti possono usare lo spazio pubblico in modi che nessun sistema aveva previsto, restando responsabili di ciò che vi fanno. Il mandato pubblico deve quindi specificare anche quando e dove l'amministrazione non userà quella capacità di osservazione, e in quali circostanze.

La partecipazione non coincide con un sondaggio continuo. Piattaforme e simulazioni possono ampliare la varietà delle voci ascoltate. Governare richiede ancora mediazione e visione lunga, con tutela di chi ha meno tempo per intervenire o dispone di fiducia o competenze più limitate. Alberi, ombra, cortili, biblioteche, mercati, arte pubblica e luoghi di sosta non sono decorazioni improduttive. Rendono possibile l'incontro fra persone che il sistema conoscerebbe altrimenti soltanto come flussi.

Il sindaco del 2050 amministrerà quindi anche mandati: quali sistemi assistono, quali propongono, quali possono decidere e quali non devono eseguire senza un nuovo passaggio pubblico. La competenza tecnica conta, insieme all'altrettanto importante capacità di assumersi la responsabilità di una scelta che può essere più lenta, costosa e contestata.

Il patto civico dipende dalla possibilità per gli abitanti di guadagnare tempo e accesso conservando una normale vita privata. Al polo, qualcuno deve rispondere delle osservazioni che la città ha autorizzato. Se una registrazione è sbagliata, un abitante deve poterla vedere e raggiungere un funzionario con l'autorità per sospenderne l'uso, correggerla e riaprire la decisione. Il capitolato rivisto dà un indirizzo a quel lavoro. Karim può accedere allo sportello municipale senza dover prima convincere un'app che la sua domanda trova posto sul suo schermo.

CAPITOLO 6

L’università che forma il criterio

Un’aula che non finisce più al suono della campanella

Sono passati alcuni semestri dall’esame rinviato a causa dell’interruzione. Quando Sofia entra in aula con pochi minuti di anticipo, la lezione è cominciata da ore. Il professore non ha iniziato prima, perché il corso si estende ormai oltre quattro muri e due ore di calendario. Sul suo portatile trova materiali adattati agli errori commessi, domande nate dalla discussione del giorno precedente, simulazioni e fonti da confrontare. Poi chiude lo schermo. La parte più importante comincia quando le risposte smettono di arrivare in ordine e trenta persone devono capire insieme quale domanda meritasse davvero di essere posta.

Il gruppo apre quattro dossier prodotti prima dell’incontro. Nessuno contiene un errore evidente; ciascuno seleziona però un perimetro diverso. Sofia propone di scegliere quello più completo. Una compagna domanda: «Completo rispetto a chi?» Sul tavolo compaiono le fonti escluse, le date, i soggetti che non entrano nelle categorie e le conseguenze di ciascuna domanda.

Non serve generare un quinto dossier. Il gruppo deve decidere quale assenza conti. Deve anche individuare prove che potrebbero smentire il ragionamento, anche quando la risposta resta plausibile. Finché queste domande non vengono affrontate, la plausibilità offre agli studenti troppo poche ragioni per fidarsi della propria scelta. La lezione usa il tempo liberato dallo strumento per rendere la scelta aperta alla contestazione.

Il risultato formativo da preservare è una capacità concreta: formulare la domanda, risalire alla fonte di un’affermazione, cercare ciò che potrebbe smentire la risposta e assumere le conseguenze della scelta. L'università offre il tempo e il confronto necessari perché l'abbondanza non venga scambiata per autorità.

Dal trasferimento di nozioni alla formazione del criterio

Molti studenti arriveranno all'università dopo anni trascorsi accanto ad assistenti intelligenti capaci di spiegare formule. Alcuni li avranno usati come amplificatori della comprensione. Altri li avranno usati come scorciatoie così fluide da nascondere la distanza tra ottenere un risultato e imparare. L'università dovrà riconoscere questa differenza senza trasformarla in una guerra generazionale o in una caccia al colpevole. Il problema sarà la qualità del rapporto costruito con lo strumento, più che la sua presenza.

Insegnare significherà progettare situazioni in cui gli studenti rendano visibile il ragionamento confrontando ipotesi, giustificando una scelta, riconoscendo un limite e cambiando idea davanti a prove migliori. Dossier e revisioni contano, come laboratori e discussioni, quando permettono di osservare questi gesti, non perché appaiono più moderni.

Alla revisione successiva, il docente non chiede a Sofia di scegliere un altro dossier. Le chiede invece di spiegare al gruppo perché la sua prima scelta non basti più. Sofia proietta la fonte decisiva, indica il gruppo rimasto fuori e nomina chi avrebbe sostenuto il costo dell'errore. Quando una compagna osserva che la fonte più inclusiva è ormai superata, Sofia restringe la conclusione e dichiara l'incertezza. Ricostruisce ciò che le ha fatto cambiare idea con parole comprensibili al gruppo, senza nascondere il cambiamento di posizione dietro una formula impersonale.

Il suo ragionamento è ora aperto alla contestazione degli altri, che hanno informazioni sufficienti per contribuire a correggere ciò che resta sbagliato. L'università non premia chi difende più a lungo la prima risposta, ma chi spiega perché non basta più.

Sofia lo comprende confrontando due esperienze. In un corso iperpersonalizzato l'assistente adatta il ritmo, suggerisce letture e anticipa i dubbi. È utile, a tratti sorprendente. In un seminario, invece, deve difendere un'interpretazione davanti a chi ha letto lo stesso testo in modo opposto. Nessun sistema la salva dall'imbarazzo di una premessa fragile o dalla necessità di ascoltare. Scopre così che l'apprendimento profondo nasce dall'incontro tra personalizzazione e attrito. Uno strumento può adattarsi perfettamente a noi e farci crescere meno di una comunità che ci espone a differenze reali.

La valutazione dovrà cambiare. Un elaborato ordinato dimostra poco se può essere esternalizzato senza comprensione. Le prove avranno bisogno di dialogo e revisioni successive attraverso cui il processo diventi visibile. Un docente dovrebbe poter vedere quali fonti lo studente ha verificato e perché ha difeso una scelta. Anche i punti di dissenso meritano di essere esaminati, considerando l'uso dell'IA come punto di partenza. Questo non autorizzerà l'università a trasformare ogni studente in un sospetto da sorvegliare. Tracciare il processo di uno studente fino a ogni esitazione potrebbe renderlo più visibile a scapito della libertà di provare. Una valutazione matura chiederà trasparenza sull'uso degli strumenti senza pretendere una registrazione totale della vita cognitiva. Il criterio si forma anche in spazi di sperimentazione che permettono di cercare e sbagliare, poi ricominciare senza che ogni deviazione diventi un profilo permanente.

Il docente accompagna la crescita senza appropriarsene. Un buon insegnante sa quando accelerare e quando una risposta deve diventare più difficile. A volte lo studente ha bisogno di tempo per affrontare quella difficoltà. Anche se la tecnologia può alleggerire amministrazione e correzione, il suo valore didattico si misura nella direzione della dipendenza. Un buon aiuto rende visibili gli errori insieme ai passaggi e alle alternative, così che gli studenti sviluppino giudizio e debbano delegarne sempre meno allo strumento.[22]

Dove il criterio diventa accessibile

Nel tardo pomeriggio la biblioteca rende concreta questa funzione. Ai tavoli siedono studenti, lavoratori rientrati in formazione e persone che devono capire un contratto o una decisione comunale, oppure comprendere un referto medico. Una bibliotecaria non consegna la risposta: aiuta invece a seguire una citazione, distingue la versione aggiornata da quella ancora in circolazione e mostra dove una ricerca automatica ha sostituito la fonte con un riassunto. La biblioteca offre accesso alle collezioni attraverso connessioni e strumenti che altrimenti sarebbero costosi. Una consultazione non deve necessariamente diventare un profilo commerciale.

Se la possibilità di verificare dipendesse soltanto da abbonamenti individuali e piattaforme del datore di lavoro, seguirebbe il reddito. La biblioteca rende possibile quella verifica anche a chi non può finanziarla da solo.

Il campus avrà senso per le esperienze che diventano profonde soltanto in presenza: un laboratorio condiviso, una discussione difficile, un progetto con persone che assegnano pesi diversi allo stesso rischio. Per chi arriva da lontano o da una famiglia senza tradizione universitaria, un luogo accessibile e attraversabile rende inoltre visibile l'appartenenza: il sapere non è un club in cui è entrato per errore, ma uno spazio in cui ha diritto di prendere parola. La presenza diventa così un bene raro da usare bene, non un rito da difendere.

Sofia lo vede in un laboratorio interdisciplinare. Gli assistenti hanno preparato mappe accurate per ciascun gruppo, ma informatica, design, medicina e diritto assegnano pesi diversi agli stessi rischi. Nessun riassunto decide che cosa sia desiderabile. Gli studenti devono esporre i propri criteri e ascoltare quando un altro gruppo descrive conseguenze che hanno trascurato. Solo allora hanno una base comune sufficiente per compiere una scelta condivisa.

L'autorità culturale dell'università non può essere data per scontata. La giudicherei dalla trasparenza dei suoi metodi, che deve consentire verifiche robuste, e dal fatto che si corregga quando quelle verifiche rivelano un problema. Le sue dichiarazioni pubbliche dovrebbero distinguere ciò che sa da ciò che stima, chiarendo al tempo stesso quali conclusioni non può ancora raggiungere.

Durante un'emergenza, spiegazioni in conflitto rendono questa disciplina particolarmente necessaria. Un lettore dovrebbe poter trovare le prove che sostengono una conclusione e capire quali dati mancanti potrebbero modificarla. Una sicurezza simulata è di poco aiuto quando arriva la prova successiva.

Il tempo della verifica è una forma di accesso

La ricerca affidabile richiede una risorsa distribuita in modo diseguale: il tempo per dubitare di un risultato promettente. Metriche sofisticate indicano collaborazioni e temi trascurati. Quando diventano il valore da perseguire, però, premiano soltanto ciò che appare in tempo per essere contato. Risultati negativi, repliche, archivi, manutenzione e lavoro collettivo conservano il terreno della conoscenza anche senza un rendimento immediato prevedibile. Per i ricercatori i cui contratti mancano di continuità, ogni verifica che ritarda l'annuncio costa di più.

Un gruppo di ricerca se ne accorge quando un sistema di analisi segnala una relazione promettente in migliaia di osservazioni. La visualizzazione è pulita e l'annuncio potrebbe attirare finanziamenti. Una ricercatrice all'inizio della carriera nota però che le lacune causate dai guasti alle apparecchiature compaiono nei dati come normali valori mancanti. Il gruppo rinvia la presentazione, riapre i registri, parla con chi aveva curato la manutenzione degli strumenti e ripete l'analisi includendo quelle interruzioni. La relazione si indebolisce. Nei cruscotti del progetto, quel mese appare come ritardo. Nel lavoro scientifico, segna il momento in cui il gruppo impedisce a un risultato seducente di diventare una conclusione prematura. Nel rapporto il gruppo registra anche il lavoro di chi ha curato la manutenzione degli strumenti, perché quella verifica resterà cura invisibile se carriere e finanziamenti conteranno soltanto l'annuncio.

La decisione del gruppo di rinviare l'annuncio presuppone che qualcuno possa assorbire un mese senza un risultato visibile. Gli atenei più ricchi controlleranno infrastrutture e partnership migliori. Altri dipenderanno da strumenti esterni. Lo stesso divario attraversa studenti e ricercatori, con vantaggi cumulativi che derivano dall'accesso ai dispositivi e dalla sicurezza economica, oltre che dalla lingua e dal tempo. L'accesso formale non basta quando il tempo necessario alla verifica rimane un privilegio. Le persone hanno anche bisogno di un margine sufficiente per sbagliare e riprovare senza perdere il proprio posto. Un sistema personalizzato può sembrare neutrale e premiare chi sa già orientarsi. Chi ha impegni di lavoro o di cura, una disabilità o una connessione inaffidabile può incontrare lo stesso rigore con meno margine per riprendersi da una difficoltà. Biblioteche, tutoraggio, laboratori, materiali accessibili e orari praticabili preservano la soglia, impedendo che una difficoltà organizzativa venga scambiata per incapacità, soprattutto quando un singolo errore può portare all'abbandono.

Tornare a studiare

Nel 2050 l'università non potrà parlare soltanto ai giovani che vi entrano una volta e ne escono pochi anni dopo. L'automazione porterà molti adulti a tornare, come le transizioni ambientali e i cambiamenti delle loro professioni. Non sempre per ottenere un secondo titolo completo. A volte servirà approfondire un dominio, aggiornare una pratica, attraversare una disciplina nuova o ricostruire fiducia dopo che una competenza si è svalutata. Tornare non dovrebbe significare ricominciare da zero né ricevere un credito automatico per gli anni lavorati. Riconoscere gli apprendimenti precedenti significa tradurre l'esperienza in prove: che cosa la persona sa dimostrare, in quali condizioni, quali passaggi restano fragili e che cosa lo studio deve ancora mettere alla prova. Un adulto porta responsabilità e abitudini consolidate, talvolta anche il timore di non essere più all'altezza al ritorno. Il rientro diventa credibile quando l'istituzione riconosce quel punto di partenza senza trasformarlo né in una retrocessione né in uno sconto sul rigore.

Per una lavoratrice che poi siede nel gruppo di Sofia, la differenza si vede nel calendario. Un tutor ricostruisce con lei ciò che sa dimostrare, i passaggi mancanti e un ritmo sostenibile. Le attività più brevi si svolgono vicino al luogo di lavoro. Il laboratorio offre una sessione serale, la biblioteca prolunga l'accesso e il datore di lavoro finanzia alcune ore di studio invece di pagare soltanto l'iscrizione. Quando una settimana di cura familiare interrompe il percorso, il programma le consente di riprendere la prova.

Nel laboratorio la sua esperienza non vale come esenzione, ma diventa un'obiezione che evita al gruppo una soluzione elegante e impraticabile. Sono dettagli organizzativi, ma decidono chi può davvero tornare e se ciò che una persona già sa potrà essere sottoposto a nuove prove.

Qui le microcredenziali e i percorsi modulari sono utili perché permetteranno a chi lavora o assiste una famiglia di distribuire lo studio nel tempo. A ogni passaggio diventeranno visibili apprendimenti specifici, permettendo ai moduli successivi di comporre un percorso più ampio. Ma l'università dovrà resistere alla tentazione di ridurre ogni formazione a frammenti commerciabili. Una collezione di attestati non equivale automaticamente a un percorso. Alcune competenze si acquisiscono in moduli brevi. Altre hanno bisogno di durata, progressione, confronto e immersione.

Anche il rapporto con il territorio conterà. Laboratori e problemi reali potranno essere condivisi con istituzioni pubbliche, imprese e luoghi della cultura, senza consegnare l'agenda all'urgenza del committente più forte. Un ateneo utile alla società sa rispondere ai bisogni presenti e conserva la distanza necessaria per porre domande lente, impopolari o non immediatamente monetizzabili. Grazie a quella autonomia, l'ateneo può finanziare tempi di verifica che studenti e ricercatori con meno risorse non potrebbero sostenere da soli.

Rigore e cura

In un ambiente continuamente misurato, ogni esitazione può apparire come scarto da uno standard invisibile. L'università dovrà essere esigente e capace di cura, perché gli studenti hanno bisogno di aspettative chiare e opportunità di correggere il proprio lavoro. Il sostegno deve rispettare la loro crescente indipendenza. I servizi psicologici sono necessari, ma conta anche la pedagogia del tempo, perché i carichi devono avere senso e lasciare margine per correggere un errore. Le procedure istituzionali devono permettere a uno studente di riprendersi da una crisi temporanea invece di spingerlo silenziosamente fuori. La cura vive anche nel modo in cui l'istituzione organizza il fallimento e la possibilità di riprendere un percorso.

Un percorso perfettamente adattato evita frustrazioni e può sottrarre l'incontro con chi procede diversamente, perciò la personalizzazione non deve diventare isolamento. I mentor, insieme ai gruppi di studio e agli spazi non valutativi, ricordano che la difficoltà non è sempre un difetto individuale da correggere.

La didattica laboratoriale riunisce analisi, gesto, collaborazione e responsabilità. I modelli aiutano a prepararsi e a simulare situazioni. Chi spiega una scelta davanti ad altri deve essere pronto ad adattarsi quando un imprevisto la mette in discussione. Correggere un errore reale mette poi alla prova la tenuta di quella competenza.

Le discipline umanistiche contribuiscono al criterio insieme a quelle tecniche. Interpretare linguaggi, storie e conflitti aiuta a riconoscere le gerarchie di valore incorporate in un problema. Le società sbagliano nei calcoli e nei racconti. Il criterio deve saper interrogare entrambi.

Il giudizio oltre lo strumento

Tenere aperto il futuro richiede esperienze senza rendimento garantito e il potere di rifiutare scorciatoie: una piattaforma che esige troppe tracce cognitive, una metrica che restringe la ricerca, un contratto che rende impossibile cambiare fornitore.

Titoli e microcredenziali attestano un percorso, anche se non sono chiavi automatiche che autorizzano ogni azione. L'università deve certificare con rigore ciò che una persona ha appreso e insegnarle i limiti del proprio ruolo. Una credenziale apre una possibilità. Il contesto determina quale responsabilità possa sostenere.

Quando Sofia esce dal campus, ricorda la risposta corretta insieme all'obiezione che non si aspettava. La fonte che sembrava autorevole ora le appare diversa. Soprattutto porta con sé un'abitudine: chiedere da dove venga un'affermazione, chi resti fuori dalla categoria, che cosa potrebbe smentirla e quale conseguenza avrebbe sostenerla.

Quell'abitudine accompagnerà Sofia nel lavoro. Per conservarla, l'aiuto dovrà lasciarle formulare un'ipotesi prima di offrirle passaggi e alternative, poi ridursi man mano che il suo giudizio cresce. Una risposta migliore ha un'utilità didattica limitata se la lascia meno capace di verificare quella successiva. Il seminario le ha dato un modo per accorgersi di quella perdita. Tornando alla fonte che il gruppo ha messo in discussione, sa spiegare perché non si fida più della propria prima lettura.

CAPITOLO 7

Ciò che il gemello non può fare

Davide firma una proposta che non capisce fino in fondo. Il documento, elegante e plausibile, arriva pronto con clausole che un tempo avrebbe discusso con un esperto. Il sistema certifica che il documento rispetta lo standard aziendale, ma non segnala che una formula trasferisce al cliente un rischio nuovo. Davide riconosce il tono, approva e ottiene l'accettazione del cliente. È proprio il successo a inquietarlo: se non attraversa più il ragionamento, per quanto resterà capace di riconoscere una clausola sbagliata, spiegarla e risponderne quando qualcosa si rompe?

Il problema richiede una delega leggibile. Uso il termine gemello operativo per indicare un sistema legato a un'identità professionale o al mandato di un ruolo, autorizzato ad assistere, proporre, decidere o eseguire entro un perimetro dichiarato. Il termine descrive un assetto di lavoro anziché la replica digitale di un individuo. Dare a un assistente un nome o un personaggio suggestivo non basta a costituire quell'assetto. Come architettura della delega, rende visibile chi affida che cosa, a quale sistema, per quanto tempo, su quali prove e con quali possibilità di arresto, ricorso e revoca.

Da dove si comincia

Il giorno dopo Davide riapre la proposta con la responsabile legale e la collega che preparerà le offerte. Il fornitore vuole configurare subito permessi e soglie. Loro partono invece dal contratto accettato e dal danno che una clausola sbagliata potrebbe trasferire. Un addendum assegna all'impresa il rischio e il costo della rettifica della clausola, e il cliente lo accetta. Errore e riparazione restano nel fascicolo.

Solo allora definiscono la delega e i suoi limiti. Il Test del 2050 chiede se vi siano prove, responsabilità, possibilità di contestazione e uscita sufficienti ad affidare quel potere. L'interfaccia viene dopo.

Il Test non restituisce un punteggio che il software possa tradurre da solo in un via libera. La bozza automatica promette velocità, ma una clausola sulla responsabilità può incidere sul reddito dell'impresa e diventare difficile da revocare dopo la firma. Davide fissa quindi la soglia prima di aprire l'interfaccia: confronto e proposte rientrano nel perimetro del sistema, mentre invio e firma ne restano fuori. Se manca il precedente rilevante o la differenza non è spiegabile nel tempo disponibile per la trattativa, la pratica deve raggiungere una persona competente.

Solo a quel punto il gemello operativo entra nel processo. Il suo ruolo è tradurre condizioni già accettate in un mandato osservabile. La giustificazione della delega deve precedere quella traduzione. Prepara un'alternativa conservando la fonte e confrontando la clausola con la versione approvata, per mostrare dove cambia il rischio. Non può accedere alla firma, inviare il documento al cliente o estendere il permesso a contratti simili. Il Test stabilisce le condizioni necessarie prima che il processo cominci. Il gemello rende quelle condizioni visibili mentre il lavoro si svolge, e gli strumenti del ciclo di vita le riesaminano quando il lavoro o il suo contesto cambiano. Se la prova iniziale fallisce, non nasce alcuna autorizzazione. Se una prova successiva smentisce la delega, una buona prestazione passata non la salva.

La soglia, però, può degradarsi. Un modello viene aggiornato, le clausole cambiano, la persona esperta lascia l'impresa o il carico rende le conferme una formalità. Gli strumenti del ciclo di vita servono a vedere questa distanza: assegnano un titolare al mandato, fissano i requisiti per le prove e il riesame, registrano scostamenti e incidenti, mantengono una modalità degradata e verificano l'uscita. Non sono un terzo modo di porre le stesse domande. Controllano se le risposte date all'inizio restino abbastanza vere da mantenere l'autorizzazione.

Cinque elementi devono restare distinti. La capacità indica ciò che il sistema sa fare. La credenziale attesta un percorso di studi o una qualifica della persona, senza garantirne da sola la competenza attuale. L'autorizzazione definisce l'azione consentita in quel contesto. La supervisione stabilisce se l'azione è visibile e comprensibile a qualcuno che abbia il tempo di cambiarla. La responsabilità assegna l'obbligo di spiegare e rispondere delle conseguenze. Confonderli fa apparire responsabile chi conserva una credenziale o un posto nell'interfaccia, mentre l'autorità effettiva opera altrove.

Quattro modalità di delega

La modalità risponde a una domanda: quale potere esercita il gemello in questo compito? In modalità Assiste ordina informazioni, traduce, cerca incoerenze, simula o prepara materiali, ma non seleziona l'esito che vincolerà qualcuno e non produce effetti esterni. Anche se può ricordare più precedenti di un professionista, il limite è che la persona responsabile prende l'iniziativa nel definire il problema e conserva il controllo sull'azione.

In modalità Propone il sistema ordina le alternative e ne raccomanda una. Deve rendere visibili dati e criteri decisivi, alternative scartate, incertezza e condizioni che potrebbero smentire la raccomandazione. La conferma umana ha valore quando chi decide può modificare o rifiutare l'esito e ha tempo sufficiente per farlo, senza interfacce manipolative o procedure che trattano ogni dissenso come anomalia.

In modalità Decide il gemello seleziona un esito entro regole autorizzate; in modalità Esegue produce l'effetto, per esempio inviando un ordine, modificando un accesso o attivando un dispositivo. Le due funzioni possono restare separate, perché un sistema può decidere e attendere conferma, oppure eseguire un'azione scelta da una persona. Quando decide ed esegue senza un ulteriore passaggio di controllo, il suo potere è massimo. Chiamare tutte le modalità «assistenza» nasconde proprio la differenza da governare.

Livelli di autorizzazione

La modalità descrive quale potere viene esercitato. Il livello stabilisce con quale frequenza e su quale ampiezza quel potere è autorizzato. Al livello zero il sistema osserva e spiega ciò che vede. Il suo perimetro comprende anche la simulazione, ma non produce effetti esterni. Al livello uno riceve un'autorizzazione per un solo caso, che si chiude senza diventare precedente.

Al livello due l'autorizzazione copre un perimetro ricorrente: classe di compiti, durata, condizioni d'ingresso e soglie d'arresto. Al livello tre il mandato è adattivo e il sistema può scegliere sequenza o mezzi entro uno scopo delimitato. Servono tracciabilità, interruzione, controllo del carico e recupero compatibile con il danno possibile; non nasce una delega generale sulla persona.

I livelli descrivono il perimetro dell'autorizzazione. Lo stesso gemello può operare al livello due per organizzare appuntamenti, al livello uno per modificare un contratto e al livello zero davanti a una decisione che non deve prendere. Una buona prestazione non autorizza compiti affini, perché ogni estensione richiede prove, e cambiamenti del modello o dei dati, come delle procedure o del contesto, possono restringere il perimetro. Considero l'autonomia revocabile perché la sola capacità non può stabilirne il perimetro e il mandato deve restare adeguato al rischio.

Il gemello-maestro diventa meno necessario

Nel lavoro già avviato con la collega più giovane, Davide trasforma l'affiancamento in una regola del mandato. Prima di ricevere aiuto, lei formula un'ipotesi e indica la fonte che la sostiene. Nomina il proprio dubbio prima che il gemello mostri eventuali discrepanze. Precedenti contrari e alternative diventano disponibili soltanto dopo che lei ha tentato quel ragionamento da sola. L'esperta interviene se il ragionamento resta incerto. Nel fascicolo della formazione non entra un punteggio personale, ma soltanto la traccia essenziale: errore, fonte, correzione e spiegazione.

Dopo dodici casi, Davide prova una scorciatoia in cui il sistema evidenzia subito il passaggio critico e propone la formula approvata. I tempi di completamento scendono. Ma quando una clausola usa una formulazione nuova, la collega segue il segnale visivo e trascura l'eccezione. Il risultato è più rapido e meno affidabile. Davide ripristina l'ordine iniziale: prima l'ipotesi della persona, poi l'aiuto. Il gemello deve rendere il giudizio visibile e verificabile, non anticiparlo.

La riduzione della dipendenza entra allora nel mandato. All'inizio il gemello accompagna ogni caso. Poi interviene soltanto quando la formulazione è nuova o viene sollevato esplicitamente un dubbio. Ogni settimana la collega ricostruisce una pratica da zero, senza il sistema, per verificare se sa ancora trovare la fonte, confrontare le versioni, spiegare la scelta e fermarsi davanti a un limite. Se queste capacità si indeboliscono, il perimetro non si amplia. Riprendono affiancamento e prova. Anche l'organizzazione deve poter proseguire. Fonti e ragioni delle eccezioni restano esportabili, insieme ai casi falliti che mostrano dove il processo si interrompe. Più persone ruotano nella revisione e la formazione rientra nel carico di lavoro. Un prodotto pagato per ogni richiesta ha un incentivo a mantenere la dipendenza, e quell'incentivo deve essere dichiarato nel mandato. Un'interruzione del servizio mette alla prova ciò che l'organizzazione ha conservato. I casi ordinari continuano, mentre quelli che nessuno sa governare si fermano.

Dopo alcune settimane la collega individua un'eccezione prima che il gemello la segnali. Il controllo successivo conferma il problema. Davide non allarga automaticamente il mandato, ma al riesame aggiunge una misura nuova ai minuti risparmiati: le occasioni in cui il sistema ha potuto restare in silenzio. Il gemello-maestro riesce quando la persona recupera giudizio e l'assistenza può diminuire.

Un mandato vivo

Karim riconosce questa logica nella logistica. Le sue abilitazioni non formano un titolo unico: riguardano certe merci, la catena del freddo, i materiali pericolosi, il coordinamento di una flotta. Ognuna può aprire al gemello una porzione precisa del lavoro. Se un'abilitazione scade, cambia la procedura, un turno supera le condizioni di sicurezza o un impianto entra in emergenza, il perimetro si restringe. La stessa credenziale produce autorizzazioni diverse in un magazzino ordinario, in un porto e durante un guasto.

Il mandato del gemello operativo dovrebbe quindi essere leggibile come una scheda viva, che dichiara lo scopo, i compiti, la modalità e il livello ammessi e indica chi autorizza, quali dati possono essere usati, quanto dura il mandato e quali condizioni lo sospendono.

Registra azioni ed eccezioni, compresi i momenti in cui interviene una persona. La scheda nomina chi riceve un allarme e chi è autorizzato a fermare il sistema, assegnando anche a qualcuno il compito di ricostruire in seguito l'accaduto. Le informazioni mancanti nascondono la complessità della delega invece di rendere più semplice l'assetto.

Le persone devono poter leggere un mandato e contestarne i termini, ma anche separarne le parti invece di accettare ogni funzione in blocco. Credenziali e registri devono restare portabili fra fornitori, così che le persone possano affidare compiti diversi a sistemi diversi mantenendo la possibilità di contestare sospensioni e revoche. Il progettista risponde dei limiti taciuti; l'organizzazione del carico, delle procedure e della formazione; chi decide soltanto delle decisioni che ha potuto comprendere e cambiare. La responsabilità deve seguire l'autorità effettiva, senza scaricare sul cliente il costo del controllo.

La matrice del rischio

La matrice risponde a una domanda diversa da modalità e livello: quanto pesa l'errore e quanto tempo c'è per rilevarlo e fermarne gli effetti, lasciando tempo sufficiente per ripararli? Il primo asse riguarda le conseguenze su diritti, salute, reddito, libertà, sicurezza o servizi essenziali; il secondo riguarda la finestra di controllo. Popolazione coinvolta, qualità dei dati, opacità ed effetti a catena precisano la collocazione.

Quando l'effetto è contenuto e recuperabile, il gemello può operare in modalità Esegue entro un perimetro stabile, con registri leggibili e controllo a campione. Riordinare una coda interna o proporre orari modificabili appartiene spesso a questa zona. Recuperabile non significa gratuito; significa che c'è ancora tempo per arrestare e ripristinare. Se gli errori aumentano o il contesto riduce la recuperabilità, la modalità si restringe.

Quando l'effetto è serio ma recuperabile, il gemello opera in modalità Assiste o Propone; le modalità Decide ed Esegue richiedono conferma preventiva e competenza adeguata. Se l'effetto è contenuto ma difficilmente reversibile, la ripetizione può renderlo irreversibile: una comunicazione pubblica o un'esclusione diffusa richiedono volume limitato, prova in ombra e arresto alla prima deviazione.

Quando l'effetto è serio e non può essere annullato nella finestra disponibile, il perimetro consentito al gemello comprende la spiegazione o simulazione della situazione e la segnalazione di un problema. Il gemello non deve operare in modalità Decide o Esegue. Un risultato aggregato elevato non compensa l'incapacità di rilevare l'errore o fermarlo mentre il ripristino è ancora possibile, quindi la modalità massima consentita è Propone.

Il bilancio della supervisione

Il bilancio della supervisione confronta il carico che il sistema produce con la capacità reale di chi deve controllarlo. Simultaneità, velocità, opacità, eccezioni e gravità aumentano la domanda; tempo, competenza, informazioni utilizzabili, autorità d'arresto e possibilità di ripristino sostengono la capacità. La differenza non si misura nell'organigramma, ma sotto carico.[23]

Nel collaudo Luca usa quaranta casi archiviati e comprime il flusso fino al ritmo previsto per le ore di punta. Il gemello non produce effetti mentre ordina le richieste e mostra al supervisore la ragione principale delle priorità che propone. All'inizio le eccezioni arrivano distanziate. La persona incaricata del controllo apre il registro, confronta il dato decisivo e conferma oppure ferma il processo. Il reparto osserva i tempi e vede una supervisione che sembra funzionare. Poi Luca chiede di introdurre assenze e un cambio di turno, con due richieste che arrivano quasi simultaneamente: le condizioni ordinarie che la dimostrazione del fornitore aveva tenuto separate. Sullo schermo non cambia il numero dei supervisori. Cambia la quantità di attenzione richiesta nello stesso minuto.

Dopo undici conferme corrette si forma un ritmo. La sintesi compare, il cursore raggiunge il pulsante e il controllo dura pochi secondi. Negli ultimi due minuti della prova entrano sei esiti: tre sono simili, due contengono dati mancanti e uno dipende da una nota inserita con un'abbreviazione insolita. Il sistema raggruppa la nota fra le informazioni secondarie e mantiene verde l'indicatore principale. Il supervisore potrebbe aprirla, ma nello stesso momento deve rispondere a due avvisi e recuperare una pratica che la connessione ha lasciato a metà. Conferma. La casella registra una presenza umana; non registra che la finestra per capire si è già consumata.

Il caso è archiviato e nessuno subisce la scelta. Quando il gruppo riapre il percorso, però, la nota cambia la priorità. La professionista che aveva confermato riconosce subito il problema quando può leggere la nota fuori dalla coda. Non le mancavano la competenza né il diritto formale di fermare il sistema. Le mancavano quaranta secondi e un'interfaccia capace di separare l'eccezione dal rumore. Il fornitore mostra che tutti gli elementi erano disponibili e considera riuscita la supervisione. Luca indica il tempo: rendere un dato tecnicamente accessibile dopo aver saturato l'attenzione equivale a consegnare una chiave quando la porta si è già chiusa.

Il reparto cambia le condizioni della supervisione. Riduce il numero di casi simultanei, impedisce l'esecuzione quando manca un dato definito essenziale e assegna agli avvisi irrisolti un canale che non può essere compresso nella sintesi. Oltre la soglia di carico, il gemello scende di livello e la coda passa in modalità degradata. Una seconda persona controlla soltanto le eccezioni ad alto impatto, mentre chi svolge il primo controllo conserva l'autorità di arrestare l'intero flusso. Il nuovo disegno ha un costo, perché nelle ore di punta alcune risposte devono attendere e una parte del risparmio promesso scompare. Quel costo entra nel bilancio insieme al danno evitato. Non viene nascosto come inefficienza umana.

Nella prova successiva Luca ripresenta lo stesso caso in una posizione diversa. Quando compare la nota ambigua, il sistema blocca l'avanzamento e mostra quale elemento manca alla conferma. La coda rallenta. Il supervisore apre il registro e, riconoscendo il conflitto, invia il caso a chi possiede la competenza necessaria. Il reparto non conclude di aver reso la supervisione efficace una volta per tutte. Ha trovato una configurazione che dà alla professionista il tempo di esaminare le informazioni rilevanti e usare la propria autorità prima che l'effetto si produca.

Il bilancio della supervisione dovrà essere riesaminato a ogni cambiamento di volume, modello o personale, perché il mandato deve restringersi se la domanda torna a superare la capacità, anche quando l'accuratezza media non cambia.

Dove il mandato deve fermarsi

Il reparto trasforma la matrice in una prova di ricostruibilità. Su un caso già chiuso Luca chiede quali dati fossero disponibili, quale regola avesse cambiato la priorità, che cosa avrebbe potuto smentire il suggerimento e chi potesse fermarlo. Non serve una confessione completa del modello, ma nel tempo concesso dal caso una persona competente deve poter ricostruire abbastanza del passaggio decisivo da riconoscere il punto controverso e agire.

Se la catena si interrompe prima, il rischio non è ancora governabile.

La ricostruzione può fallire per tre tipi di opacità. Quella contrattuale pone registri, conservazione o spiegazioni fuori dai permessi negoziati. Quella del modello rende difficile tradurre rappresentazioni e passaggi in ragioni utilizzabili anche quando il fornitore collabora. Quella strutturale nasce dall'intreccio di componenti e aggiornamenti con agenti e organizzazioni, dove ciascuno vede una parte e nessuno possiede il quadro completo in tempo. Aprire il codice può aiutare, ma non sostituisce una comprensione operativa del punto in cui una persona competente ha ancora il tempo e l'autorità per intervenire contro l'azione proposta.[24]

La prova necessaria cambia con l'esito. Una temperatura fuori soglia o una clausola presente in un documento offrono un confronto relativamente rapido; una priorità clinica o la soglia oltre la quale un'eccezione diventa regola incorporano valori e conseguenze tardive. Accuratezza storica e spiegazione plausibile indicano dove guardare, ma non dimostrano che il caso presente appartenga allo stesso mondo. Quando la verifica non entra nella finestra di controllo, il limite riguarda l'autorità affidabile.

Ammettere quel limite rallenta alcuni flussi, richiede competenze duplicate e registri utilizzabili, e può lasciare una persona più a lungo in attesa di una risposta. Il costo dell'attesa va dichiarato insieme a quello dell'errore. Il reparto può ridurre il volume, anticipare il controllo, restringere il mandato o investire in capacità umana. Non può chiamare «supervisione» una conferma che arriva quando la possibilità di intervenire è ormai passata.

Resta una scelta politica: chi paga il tempo necessario a capire e le prove il cui costo un'organizzazione piccola non può distribuire su molti casi? Dove né una comprensione sufficiente né una verifica indipendente entrano nella finestra di controllo, la modalità massima consentita resta Propone. Il sistema può trovare ciò che una persona non avrebbe visto. La decisione vincolante rimane presso qualcuno di raggiungibile, con criteri dichiarati e potere di dire no.

Dove il gemello fallisce

Il gemello fallisce quando la persona diventa ornamentale: le rimangono una sintesi tardiva e una richiesta di conferma, mentre dati e alternative restano costosi da vedere. La competenza può atrofizzarsi quando scompaiono la pratica e la verifica indipendente, e il mandato dipende dal fornitore che controlla l'accesso alle prove, oltre al rilascio e alla revoca delle autorizzazioni. Prestazioni elevate, da sole, non garantiscono né controlli tempestivi né la capacità dell'organizzazione di ricostruire un'uscita. Con più agenti il rischio attraversa la catena: uno incarica l'altro, una proposta diventa presupposto e nessuno riesamina il passaggio di autorità. Il registro deve seguire dipendenze ed errori correlati, non soltanto azioni isolate. Sorveglianza eccedente, credenziali trattenute, modelli insostituibili e procedure che collassano senza il fornitore restano ragioni di rifiuto o arresto.

Il protocollo di prova

La prova comincia prima dell'accensione. L'organizzazione definisce risultato legittimo, azioni vietate, riferimento umano e gruppi esposti a benefici o costi. Scompone il lavoro per compiti, assegna modalità, livello e rischio, costruisce una biblioteca di fallimenti realistici — eccezioni, dati incompleti, istruzioni in conflitto, sovraccarico e indisponibilità — e stabilisce chi può arrestare il test e quali eventi lo impongono.

Il gemello operativo passa poi in modalità ombra: osserva e produce esiti non applicati. Seguono simulazioni, compresi casi concepiti per mettere in difficoltà il sistema e far emergere debolezze. Il sistema gestisce poi un volume limitato con effetti reversibili, prima di ricevere un perimetro più ampio. La prova include il carico reale e misura prestazione, tempo al danno, rilevazione e ripristino, interventi mancati, spiegazioni, competenza residua, disparità e concentrazione del potere. Le condizioni aggiuntive per usare un secondo sistema di controllo si trovano nel Protocollo avanzato di prova con due sistemi, fra le risorse online elencate nell'Appendice. Una seconda risposta non amplia da sola il mandato.

Ogni autorizzazione scade e prevede soglie di sospensione e ritorno. Le persone conoscono il mandato e possono contestare l'esito. Fallimenti e costi vengono esaminati prima dell'estensione. Se il servizio non può essere interrotto o continuare in modalità degradata, la prova ha già creato dipendenza.

Rispondere della firma

Per Davide, firmare dipende ora dalla capacità di spiegare il punto controverso. Se non ci riesce, interviene un esperto o la pratica rimane sospesa. Nel reparto, Luca deve far valere la stessa condizione in un intervallo molto più breve, prima che un errore raggiunga il corpo di qualcuno. Ogni contesto ha bisogno di una persona responsabile ancora in condizione di fermare l'esito. Il registro dei permessi di Davide dà a quel requisito una forma pratica. Il gemello è autorizzato a preparare la clausola rivista, ma il documento non può partire verso il cliente dal suo account.

CAPITOLO 8

Curare senza disumanizzare

Quando Luca entra in reparto prima dell'alba, il sistema ha già ordinato cartelle, esami, incompatibilità fra farmaci e segnali arrivati durante la notte. Sul tablet trova una mappa delle priorità con fonti, incertezze e variazioni rispetto al giorno precedente; la diagnosi rimane fuori dal mandato. Il beneficio è concreto: vedere prima ciò che, nella fretta, potrebbe restare disperso.

Il reparto applica ormai la regola emersa dal collaudo: il sistema raccoglie e ordina. Una proposta cambia il percorso di cura soltanto quando una persona identificata dispone dei dati e del tempo necessario per metterla in discussione, e ha anche l'autorità per agire sulla questione sollevata. In sanità la domanda non è soltanto quanto la macchina sappia vedere, ma come quella capacità entri nella cura e chi rimanga raggiungibile quando un corpo non entra interamente nella sintesi.

Luca incontra Teresa nel percorso di cura. Ha settantotto anni, vive sola, usa sensori discreti e non desidera tornare alla burocrazia continua di visite evitabili e informazioni ripetute. Il monitoraggio domestico le permette di restare a casa con maggiore autonomia. Quell'utilità rafforza la richiesta di Teresa: il sistema non deve diventare un oracolo o una biografia completa del suo corpo.

Una notte più parametri cambiano insieme. Nella scheda di Teresa la frequenza cardiaca a riposo si discosta dal suo andamento, il sensore glicemico registra valori insoliti e il movimento diminuisce. Presi uno per uno, i segnali non raccontano una diagnosi; messi in sequenza, aprono un dubbio. Il sistema li confronta con la storia disponibile, mostra quali misure provengono dai dispositivi e quali dalle annotazioni della paziente, poi assegna una priorità differibile:

ripetere le misure a domicilio e ricontattare Teresa entro il giorno successivo. Non modifica la terapia e non invia istruzioni fuori dalla rete di cura.

Sul tablet di Luca la proposta appare ordinata, accompagnata da un pulsante discreto: «Conferma priorità». Il percorso suggerito è prudente e plausibile; per questo il gesto è tentatore. Confermare sposterebbe la scheda nella coda dei controlli domiciliari e libererebbe lo schermo per il caso successivo. Luca ha già letto molte sintesi notturne, il reparto si sta riempiendo e nessun segnale isolato sembra imporre una corsa. Per un istante il colore della casella offre il sollievo di una decisione già composta.

L'incertezza non è nascosta: una finestra segnala l'intervallo incompleto e distingue le misure stabili da quelle da ripetere. Rimane però chiusa finché qualcuno non la apre, mentre il percorso suggerito occupa il centro dello schermo. Il dubbio è disponibile ma consuma minuti; la conferma ne richiede uno e restituisce subito l'impressione di avere governato il caso.

Prima di toccare il pulsante, Luca apre però la provenienza dei dati. Alcune misure sono continue; altre mancano proprio nell'intervallo in cui la curva cambia. L'ultima nota di Teresa descrive una giornata normale, ma risale a prima del peggioramento. La sola qualità tecnica del segnale lascia irrisolta l'origine dell'anomalia. Un cambiamento nel sensore o nella routine di Teresa potrebbe spiegarla, mentre un cambiamento nel suo corpo resta un'altra spiegazione possibile. Neppure la posizione in coda risponde alla domanda che conta: che cosa è cambiato per lei prima che il sistema lo rendesse visibile.

Luca lascia la proposta aperta. Controlla le informazioni precedenti, verifica che il recapito appartenga al percorso concordato e chiama Teresa, senza trasformare l'allarme in una diagnosi telefonica. Vuole sapere che cosa abbia sentito, quando sia iniziato e che cosa le sia possibile fare quella mattina. Il sistema ha compiuto bene il proprio lavoro iniziale: ha portato un cambiamento davanti a una persona competente. Il passaggio successivo richiede una voce, non un altro punteggio.

Quando il corpo diventa leggibile prima di ammalarsi davvero

La medicina connessa offre la possibilità di rilevare prima alcuni problemi e organizzare la cura delle cronicità più vicino a casa, ma il beneficio clinico deve essere dimostrato per la patologia e il percorso di cura in cui viene usata. Evitare spostamenti conta soltanto se la rete resta capace di rispondere e preserva le distinzioni fra le fonti. Una misura della frequenza cardiaca, un referto, una nota clinica, l'aderenza alla terapia dichiarata dal paziente e un'inferenza di rischio non hanno la stessa affidabilità. Un sensore indossato male o una routine cambiata non sono rumore, come non lo sono una casa troppo calda o un farmaco saltato. Ciascuno è un'ipotesi da verificare. Un corpo misurato non è un corpo interamente conosciuto.[25]

Teresa lo dice senza trasformarsi in esperta di sistemi: «Il numero è arrivato stanotte, ma la stanchezza è cominciata prima». Luca non sceglie fra il dato e la sua voce. Verifica come sono stati prodotti entrambi, cerca ciò che concorda e ciò che continua a divergere, poi spiega quale dubbio richiede attenzione.

«Prima rispetto a che cosa?» chiede Luca. Teresa non cerca la parola giusta per il dispositivo. «Da ieri pomeriggio. E quando vado dalla cucina al corridoio devo fermarmi; seduta, invece, respiro come sempre». Luca le domanda, senza suggerire le risposte, se ci siano altri cambiamenti, che cosa abbia assunto e se possa ripetere la misura mentre restano al telefono. La nuova lettura affianca quella notturna dentro un quadro che comprende anche un sintomo riferito, un intervallo incompleto e la conoscenza che Teresa ha della propria giornata.

Teresa non minimizza l'avviso e non vuole esservi ridotta. Chiede se il controllo significhi tornare in ospedale e chi la accompagnerà se servirà. Luca le spiega che la decisione resta aperta, perché prima confronterà la sequenza con un'altra professionista e poi le dirà quale valutazione raccomanda e perché. L'incertezza resta, ma ha cambiato forma. Ora condividono abbastanza della situazione da poterla discutere, invece di limitarsi a smaltire una casella sullo schermo.

La rete deve dichiarare chi ha accesso alle informazioni e per quale scopo, con un limite temporale all'accesso e un percorso raggiungibile che permetta a chi ha una scheda errata di chiederne la rettifica.

Un segnale utile all'assistenza non diventa materiale per assicurazioni o datori di lavoro, né per servizi commerciali. Accesso tecnico e mandato clinico non coincidono, e gli usi autorizzati restano soggetti a riesame.

La distribuzione conta quanto la precisione. Chi dispone di dispositivi affidabili e connettività stabile, con assistenza linguistica e un servizio territoriale capace di rispondere, è in condizioni migliori per produrre dati continui e ricevere cure tempestive. Se l'assenza di misure viene scambiata per assenza di bisogno, i territori meno serviti diventano anche meno visibili. La tecnologia amplifica allora l'organizzazione che trova, comprese le sue disuguaglianze.[25]

Prevenire non equivale a trasformare ogni variazione in malattia. Alcuni cambiamenti richiedono un intervento, mentre altri hanno bisogno di monitoraggio o di una spiegazione che aiuti il paziente a capire ciò che sta accadendo senza vivere in uno stato di allarme permanente. Il beneficio della previsione va misurato insieme alla capacità del sistema di rispondere, tenendo conto dei falsi allarmi, dell'ansia e degli esami evitabili, perché rilevare prima qualcosa senza poterlo curare o chiarire può spostare il costo sul paziente.

La diagnosi aumentata e il rischio di confondere precisione con verità

I sistemi di supporto possono confrontare immagini, segnali, esami e precedenti clinici con una velocità che nessun singolo professionista può eguagliare. Il beneficio diventa governabile quando il reparto distingue un difetto del sistema dall'incertezza clinica. Se il sensore o il modello collegano male i segnali alla priorità, il reparto deve analizzare il difetto e sottoporre il sistema a una nuova prova, sospendendolo se necessario. Quando dati e sintomi sostengono più interpretazioni plausibili, un medico deve esaminare la persona e lasciare tempo per una decisione rivedibile. Correggere il modello non cancella l'incertezza. Aggiungere un medico non ripara un modello inaffidabile.

Altri due problemi non sono errori di calcolo. Quando Teresa pesa il rischio di attendere contro il costo di una visita, emerge un conflitto di valori in cui Luca chiarisce le alternative, ma non può scegliere al suo posto ciò che conta. Quando la visita presuppone trasporto, connettività, accesso linguistico o un servizio territoriale che non esiste, emerge una disuguaglianza d'accesso che nessun grado di accuratezza risolve senza cambiare l'organizzazione.

L'accuratezza media non mostra se gli errori si concentrino nei gruppi meno rappresentati, nei dispositivi usati in condizioni diverse o nei contesti con dati discontinui. La prova deve avvenire nel luogo d'uso, per sottogruppi pertinenti e sotto carico, con soglie che consentano di sospendere il sistema quando la distribuzione degli errori cambia.

Il secondo parere arriva dall'infermiera dell'équipe territoriale, che conosce le misure abituali di Teresa e può ripercorrere con Luca i passaggi essenziali della chiamata. Non ripete il punteggio. Distingue ciò che il sistema ha osservato da ciò che manca e formula il punto clinico con chiarezza: «Se guardassi soltanto la notte, ripeterei la misura. Con questo cambiamento riferito, non aspetterei domani». Luca e l'infermiera riconoscono il valore dell'allarme; il secondo parere anticipa la valutazione rispetto ai tempi impliciti nella priorità proposta dal sistema.

Luca incorpora il parere nel proprio giudizio clinico e richiama Teresa. Le spiega ciò che è stato osservato, il ruolo del sistema, ciò che resta incerto e le alternative. Dopo aver verificato che comprenda e sia libera di dissentire, concordano una valutazione in presenza nella stessa giornata, con una nuova misurazione e un successivo riesame. La terapia resta fuori sia dal mandato del sistema sia dalla telefonata. Le nuove informazioni cliniche rendono più chiara la storia incompleta di Teresa e giustificano il cambiamento di priorità, anche se le osservazioni della macchina restano utili.

Il piano comprende anche l'intervallo prima della visita: una persona del servizio richiamerà Teresa, il recapito da usare se il respiro cambia ancora resta in primo piano e l'eventuale trasporto ha un referente nominato, anziché restare implicito. Le indicazioni vengono registrate separatamente dall'esito del modello e rilette con lei. Un appuntamento in agenda lascia scoperte le ore intermedie se nessuno si assume la responsabilità di seguire il caso fino alla valutazione.

Nel registro Luca conserva proposta iniziale, dati, parte accettata e scostamento. Indica la variazione descritta da Teresa, il secondo parere, l'accordo sul controllo, chi riceverà l'esito e quando la decisione sarà rivalutata. La traccia mostra dove il percorso è cambiato e con quali elementi, senza decretare che il medico abbia vinto contro il modello.

Il registro chiede anche che cosa sarebbe accaduto se nessuno avesse riaperto la proposta, mostrando che, se la priorità fosse stata confermata alla cieca, Teresa avrebbe ricevuto soltanto la richiesta di ripetere le misure e il suo controllo sarebbe rimasto nella coda ordinaria. Non è possibile sapere se il ritardo avrebbe prodotto un danno. La ragione per non correre quel rischio era già disponibile, nella sua voce, prima della conferma.

Alla valutazione in presenza, alcune misure si avvicinano all'andamento abituale di Teresa, mentre il sintomo che ha raccontato richiede ancora osservazione. Luca e l'infermiera non usano l'assenza di un'emergenza evidente per dichiarare superflua la chiamata: spiegano invece quando dovrebbe ricontattarli e organizzano controlli più frequenti per alcuni giorni. Una persona nominata si assume la responsabilità del passaggio di consegne. La prudenza ha impedito che l'incertezza venisse abbandonata nella coda, anche se la valutazione non ha rivelato una catastrofe.

Il costo resta visibile: trasporto, ore fuori casa e paura per Teresa; tempo clinico sottratto ad altri casi per il servizio.

Poiché rispondere con questa cautela a ogni anomalia renderebbe presto insostenibile la cura, il reparto registra anche gli esiti non drammatici e corregge soglie, interfaccia e organizzazione delle richiamate. Per giudicare quella decisione, tornerei alle ragioni disponibili in quel momento e chiederei se giustificassero l'onere imposto. Chiederei anche se sia stato garantito un seguito effettivo. Il sollievo successivo non può rispondere a nessuna delle due domande.

Ospedali intelligenti, professioni trasformate, cura distribuita

Casa, farmacia, ambulatorio, laboratorio, trasporto sanitario e ospedale formano una rete continua soltanto quando passaggi e responsabilità sono espliciti. Teresa non dovrebbe ricominciare la propria storia a ogni porta né scoprire che un servizio digitale non sa consegnare informazioni a quello successivo. Un ospedale intelligente restituisce attenzione riducendo duplicazioni e limitando gli allarmi, evitando trascrizioni fra sistemi incompatibili senza aprire un vuoto fra reparto e territorio. Luca misura il fallimento opposto quando il tempo liberato dall'automazione viene riassorbito da notifiche e caselle da confermare, così che la promessa di più presenza produce meno ascolto.

Al cambio turno il cruscotto conta quaranta avvisi; Luca e l'infermiera ne giudicano sei realmente rivedibili quella mattina. Il coordinatore li assegna a persone identificate e sospende l'ingresso di nuove schede nella stessa coda. Le richieste tecniche passano al supporto, le ripetizioni differibili restano in attesa e i casi senza un revisore nominato cambiano turno con una consegna esplicita: nessuna priorità viene marcata come revisionata soltanto perché porta un nome umano.

Per quella mattina il mandato si restringe, mentre il sistema continua a raccogliere e ordinare e il reparto rinuncia a una parte della velocità promessa. Il turno viene riorganizzato attorno a quei sei casi. La formazione deve preparare chiunque riceva un allarme a correggerlo o a passarlo a chi può farlo. Il limite non scompare dietro una conferma e il costo della fretta non ricade, invisibile, su Teresa o sul professionista che avrebbe cliccato per ultimo.

Nella salute mentale, alcuni strumenti conversazionali strutturati hanno mostrato benefici a breve termine sui sintomi depressivi in popolazioni di studio definite. Questi risultati non dimostrano che i compagni artificiali a conversazione aperta possano offrire terapia o rilevare in modo affidabile una crisi. Non autorizzano sorveglianza continua. Il mandato deve individuare urgenze, trasferimento del caso, riservatezza e professionisti raggiungibili, senza trattare una scena futura come prova di efficacia.[25,26]

La rete di cura si giudica con danni evitati, attese, continuità, disparità, carico degli operatori, contestazioni e qualità delle spiegazioni. Un guadagno aggregato non compensa un gruppo escluso o un reparto incapace di riconoscere l'errore prima che si consolidi.

Genomica, terapie personalizzate e il pericolo di una medicina a due velocità

La personalizzazione offre uno degli argomenti più forti a favore dell'innovazione sanitaria, perché le informazioni molecolari, considerate insieme alla storia clinica e familiare, possono orientare alcuni trattamenti. Ogni riduzione dichiarata delle reazioni avverse o del ritardo diagnostico deve essere dimostrata per il test, il trattamento e la popolazione di pazienti considerati. Ma una probabilità non è un destino, l'identificazione di una variante non equivale automaticamente a una diagnosi e un modello costruito su certe popolazioni non diventa affidabile ovunque. Ogni risultato deve dichiarare dove è valido e quale incertezza rimane. Anche le conseguenze dell'errore devono essere chiarite.

L'accesso diseguale crea due velocità. Laboratori, dati interoperabili, competenze rare, trasporti e continuità territoriale non sono distribuiti in modo uniforme. Se alcuni gruppi compaiono poco o soltanto quando la malattia è avanzata, il modello può aggiungere un errore a una geografia già diseguale. Anche un modello accurato, però, non porta una persona all'ambulatorio né finanzia il servizio mancante. Correggere entrambi i livelli richiede dati proporzionati e verifica indipendente, insieme a investimenti nei servizi che i pazienti devono poter raggiungere. Non autorizza a estrarre più informazioni da comunità che non ricevono i benefici della ricerca.

Conoscere un rischio può modificare la vita prima che cambi il corpo. Teresa non chiede al sistema di raccontarle tutto ciò che potrebbe accadere, perché vuole sapere quali informazioni cambierebbero una decisione e quali produrrebbero soltanto un'attesa più angosciosa. Il diritto a sapere convive con quello a non sapere. Il ruolo di Luca è spiegare a che cosa serve il test e quanto è affidabile. Dopo aver discusso le alternative, documenta con lei una scelta rivedibile. Per questo un test genomico avanzato deve entrare in un percorso comprensibile, con consulenza, priorità trasparenti e ricorso. Usare capacità industriali non richiede alla ricerca di lasciare che brevettabilità e redditività decidano da sole quali patologie meritino attenzione. Personalizzare significa anche offrire telemedicina a chi può evitare uno spostamento, cure vicine a chi non può usare una piattaforma e assistenza ordinaria quando è ciò che manca. Trattare allo stesso modo condizioni diseguali conserva la disuguaglianza.

La cura alla fine della vita

La potenza della medicina aumenta le scelte; non elimina i limiti. Vecchiaia, malattia irreversibile, dolore e perdita di autonomia non sono fallimenti tecnici omogenei. Nelle cure palliative strumenti precisi possono rendere più tempestiva l'assistenza, coordinando équipe e familiari e modulando gli interventi; una stanza ben monitorata, però, non garantisce una verità detta con tatto o qualcuno che ascolti una paura. Una persona deve comunque scegliere di rimanere quando non esiste più una soluzione decisiva. Curare non coincide sempre con guarire. Non abbandonare significa continuare a spiegare e alleviare la sofferenza, rivedendo gli obiettivi e rispettando i valori anche quando l'esito non può essere ottimizzato. Il sistema ordina possibilità. Non può assumere il significato che una persona attribuisce a tempo, dolore, dipendenza o congedo.

Monitoraggio remoto e coordinamento sostengono la vita di Teresa a casa se le permettono più indipendenza e aiuto tempestivo.

Falliscono se ogni gesto diventa sorveglianza, se un cruscotto rassicurante sostituisce una visita o se il lavoro viene trasferito alla famiglia in nome dell'autonomia. Ore e reddito dei caregiver appartengono al bilancio della cura, come il sonno e la possibilità di prendersi una pausa. La disponibilità affettiva non è gratuita.

Davanti a una scelta difficile, Luca spiega ciò che è noto e ciò che resta incerto. Discutono di ciò che ogni alternativa richiede, e lui domanda a Teresa che cosa conta per lei. La decisione resta provvisoria e rivedibile, con un responsabile e un percorso per discuterla di nuovo.

Luca chiude la sintesi soltanto dopo che Teresa formula la domanda assente dai campi del sistema: «Se stanotte i numeri fossero stati normali, mi avreste ascoltata lo stesso?»

Luca annota la domanda accanto al piano, così che arrivi anche al prossimo turno. Teresa torna a casa con un controllo concordato. Le misure hanno lasciato senza spiegazione una parte della sua esperienza, e una persona nominata resta responsabile di discuterne con lei mentre la cura prosegue.

PARTE III

Restare persone

CAPITOLO 9

La verità sotto pressione

La mattina in cui tutto sembra plausibile

Quando Matteo apre il telefono, una candidata alle elezioni cittadine sta già pronunciando parole che potrebbero distruggerne la campagna. Il volto è stabile, la voce coincide, perfino le esitazioni sembrano spontanee. Il video elettorale è breve quanto basta per essere condiviso senza contesto. Sotto, indignazione e smentite crescono insieme. Nessuna delle due rallenta la circolazione.

Matteo lavora nella comunicazione civica di una città media. Non è né giornalista né politico né perito forense, ma deve rendere comprensibili informazioni pubbliche e pubblicarle in tempo. Il suo desiderio è semplice e difficile: essere rapido senza chiedere fiducia sulla parola. Quella mattina capisce che le due cose possono entrare in conflitto.

Il rischio nasce quando un contenuto plausibile produce conseguenze prima che qualcuno ne ricostruisca le trasformazioni risalendo alla fonte e ne accerti il contesto. Anche una smentita impeccabile arriva dentro una sequenza già orientata da chi ha scelto il momento, il pubblico e il tono.

Verità, autenticità tecnica e credibilità non coincidono. Un contenuto proveniente davvero da una redazione può essere errato o manipolato; nello stesso tempo, un'immagine priva di una catena completa può comunque documentare un fatto. La provenienza permette di chiedere chi ha fatto cosa e chi ne risponde, lasciando aperto il giudizio su che cosa credere.[27]

Per Matteo questa distinzione non è teorica. Il suo ufficio non può certificare ogni affermazione che attraversa la città, ma deve sapere che cosa mette in circolazione con un marchio pubblico. La sua responsabilità prende forma in gesti concreti: pubblicare, sospendere, correggere o dichiarare che una verifica non è conclusa.

Le piattaforme hanno moltiplicato le voci e aperto spazi prima negati. Hanno anche spostato una parte della mediazione verso sistemi che ordinano i contenuti in base a obiettivi economici e segnali comportamentali. La visibilità non è più soltanto distribuzione: modifica il valore pratico di un messaggio, perché decide chi lo incontra e in quale stato d'attenzione.

Nello stesso momento arriva a Matteo una clip municipale preparata per spiegare una modifica ai trasporti pubblici. È chiara, tradotta in più lingue e usa una voce sintetica costruita su quella dell'assessora ai trasporti. L'uscita è prevista per la sera. Il fornitore allega il file finale, non i materiali di origine né la cronologia delle trasformazioni.

La clip municipale non contiene, per quanto Matteo possa vedere, una falsità. È questo a renderla una prova. Il cursore resta sul comando di pubblicazione mentre il tempo utile si accorcia. Il suo errore possibile è considerare pubblicabile un artefatto impeccabile che il suo ufficio non sa ricostruire.

La piazza pubblica frammentata

La vecchia piazza pubblica non era neutrale né davvero comune a tutti. Redazioni ed emittenti selezionavano ciò che raggiungeva il loro pubblico, mentre altre istituzioni controllavano l'accesso alle informazioni. Le loro scelte escludevano persone e concentravano potere. La rete ha permesso a testimoni e comunità marginalizzate di documentare fatti senza attendere il permesso di un centro. Questo guadagno non va cancellato per nostalgia. L'apertura, però, non ha eliminato la mediazione: l'ha distribuita fra piattaforme, modelli di raccomandazione, reti sociali, creatori, inserzionisti, istituzioni e pubblici. Quando l'offerta diventa sterminata, il potere si esercita anche ordinando il flusso: dare priorità, ripetere, rallentare, rendere invisibile.

Nel 2050 ambienti personalizzati potrebbero adattare gli argomenti e il lessico a gruppi o individui, modulando anche l'autorità apparente e l'intensità emotiva. Due cittadini possono ricevere informazioni perfino compatibili e tuttavia costruire quadri del mondo che non si incontrano mai.

La minaccia alla fiducia pubblica non coincide quindi con il singolo deepfake. Include l'accumulo selettivo di episodi veri, deformati o sintetici che crea un'atmosfera in cui si addensa una paura senza oggetto preciso, mentre cresce una sfiducia senza possibilità di verifica. Tutto comincia a sembrare urgente. Le scelte vengono orientate senza che nessuno formuli una menzogna isolabile.

Una democrazia non richiede una versione ufficiale condivisa di ogni evento. Richiede condizioni abbastanza comuni per contestare le versioni: documenti accessibili, fonti indipendenti, procedure di verifica, possibilità di rettifica e istituzioni che accettino di essere contraddette. Questa è l'infrastruttura cognitiva pubblica: il termine con cui indico le professioni e gli archivi che sostengono la verifica, insieme agli standard e alle abitudini che permettono al disaccordo di non separarsi dai fatti e alle garanzie che proteggono quel legame. Nessuna macchina centrale svolge questo lavoro per tutti. Come ogni infrastruttura, diventa visibile soprattutto quando manca.

È una grammatica pubblica condivisa, non un lessico imposto. Permette a voci diverse di restare reciprocamente comprensibili senza diventare uguali. Quando si indebolisce, la società continua a parlare mentre le persone smettono lentamente di capirsi.

Matteo guarda le stime di diffusione della clip municipale che dovrebbe pubblicare. Il fornitore gli promette portata; il suo ufficio deve meritare credibilità. Le due misure possono sostenersi, ma non sono la stessa cosa. Il numero di visualizzazioni dice quante persone sono state raggiunte, non se potranno ricostruire perché quel messaggio merita fiducia.

Verificare ciò che vediamo

Fotografie e registrazioni non sono mai state prove autosufficienti. Messe in scena e ritagli alteravano ciò che si vedeva molto prima di qualunque modello. La generazione sintetica aumenta però la facilità con cui si può produrre una testimonianza apparente e, insieme, la plausibilità con cui una testimonianza autentica può essere liquidata come falsa.

Chi è chiamato a rispondere di un documento vero non deve convincere tutti che sia inventato. Può bastare introdurre un dubbio durevole nel proprio gruppo, fino a trasformare la verifica in un conflitto d'appartenenza. Il costo comprende sia la credulità sia il cinismo che fa sembrare ogni accertamento equivalente a una narrazione.

Questo vantaggio ha un nome: dividendo del bugiardo. Quando fabbricare una prova credibile diventa più facile, chi è chiamato a rispondere sulla base di una prova autentica può sfruttare l'esistenza dei falsi per negarla. Non serve una ricostruzione migliore se riesce a far apparire la verifica troppo costosa per tentarla, troppo partigiana per fidarsene o troppo inconcludente per risolvere la questione. Il dividendo è ciò che incassa da quella nebbia: tempo, fedeltà del proprio gruppo, spostamento dell'onere su chi accusa e una via d'uscita che prima non avrebbe avuto.[28]

Il video elettorale della candidata con cui si apre questa mattina permette di vedere i due finali possibili. Nel primo è sintetico. La ricostruzione dei file e delle trasformazioni lo dimostra, ma la smentita arriva dopo che il video elettorale ha già fissato il tono della giornata. Chi l'ha condiviso può cancellarlo. Non può ritirare le conversazioni che ha suscitato né le decisioni già prese. Anche i sospetti possono sopravvivere alla cancellazione. Alcuni accetteranno la correzione, altri ricorderanno soltanto l'accusa, altri ancora useranno il ritardo come prova che nessuno governa davvero lo spazio pubblico. Il falso viene smontato, mentre una parte del suo effetto resta in circolazione.

Nel secondo finale il video elettorale è autentico. La candidata grida al falso, indica un difetto irrilevante e chiede ai sostenitori di trattare ogni analisi contraria come un attacco. Qui l'esistenza della tecnologia offre un alibi plausibile a una menzogna già disponibile. Anche quando documenti originali, testimoni e controlli indipendenti convergono, la discussione può spostarsi dalla condotta mostrata alla presunta manipolazione di chi verifica. Per una parte del pubblico, ammettere l'autenticità significherebbe rompere un legame d'appartenenza. Negarla diventa meno costoso che cambiare giudizio.

I due finali feriscono la fiducia in direzioni diverse. Il primo mostra una falsità che vince la gara del tempo anche mentre perde quella della prova. Il secondo mostra che la sola possibilità del falso viene usata contro il vero. Se il pubblico non distingue gli esiti, ogni smentita sembra propaganda e ogni documento una scelta di campo. Il compito comune è mostrare perché una conclusione cambia e identificare chi ha svolto ciascun controllo. I lettori devono anche sapere che cosa potrebbe ancora smentirla. Questo offre loro qualcosa di più utile di una promessa di certezza istantanea.

Amir non decide quale dei due finali stia guardando. Sullo schermo gli arrivano il video elettorale, la smentita, un'analisi che lo dichiara autentico e un'altra che contesta il metodo. Apre il primo collegamento, poi il secondo; nel terzo trova quindici minuti di spiegazione e commenti che attaccano chi chiede tempo. È sull'autobus e tra due fermate deve decidere se inoltrarlo agli amici. Non sceglie la versione che lo rassicura. Chiude tutto.

La sera la storia è ancora lì, insieme a nuovi montaggi e nuove correzioni. Amir prova a ricostruire la sequenza, ma ogni controllo genera un altro oggetto da controllare. Chi finanzia il verificatore, e quale file è stato esaminato? Deve anche capire perché l'orario registrato non coincide. Alla fine non pensa «è vero» o «è falso». Pensa che non valga più la fatica di saperlo. Sospende il giudizio anche se, il giorno dopo, dovrebbe decidere se partecipare a un incontro cittadino nato da quella vicenda. La fatica epistemica consuma l'energia necessaria per assumere una posizione rivedibile, anche senza convincere qualcuno ad adottare una credenza particolare. La democrazia perde sia quando Amir viene ingannato sia quando rinuncia a entrare nel luogo in cui una conclusione potrebbe essere discussa e corretta.

Una catena di provenienza registra come un materiale è stato acquisito e trasformato, compreso chi ne ha approvato l'uso. Rende visibile una rottura e consente di confrontare versioni senza certificare che la fonte sia sincera, che la scena sia stata interpretata correttamente o che il contesto sia completo.

Allo stesso modo, metadati assenti non provano la falsità, perché tracce incomplete possono provenire da un testimone vulnerabile quanto da un dispositivo vecchio. La provenienza distribuisce responsabilità. Non emette da sola un verdetto sul vero.

Rilevatori e indicatori orientano il controllo, ma non possono diventare tribunali automatici. La prova pubblica continua a unire documento e contesto con un confronto indipendente e una persona o un'istituzione che risponda della pubblicazione. Un'istituzione deve quindi conservare gli originali, distinguere correzione e manipolazione, segnalare l'uso sintetico rilevante e offrire un modo rapido per contestare un accertamento. Quando sono in gioco voto, emergenze o reputazione, deve misurare anche il tempo alla convinzione, perché, se la rettifica arriva dopo l'effetto, la tracciabilità arriva troppo tardi per ripararlo.

Matteo aggiunge allora un secondo battito alla misura. Sul cruscotto considera le visualizzazioni dell'originale e della smentita e chiede quante persone abbiano ricevuto entrambi i contenuti, dopo quanto tempo e attraverso quale collegamento. Se la correzione raggiunge un pubblico diverso, il totale può crescere senza che la convinzione iniziale venga mai davvero messa a confronto con essa. Una rettifica efficace deve inseguire il percorso dell'errore e comparire accanto al video elettorale. Anche chi lo troverà più tardi ha bisogno di una cronologia leggibile di ciò che è cambiato.

Questo ripristina la documentazione pubblica e impedisce che nuove decisioni si fondino sulla versione sbagliata, ma non restituisce il momento perduto né obbliga chi ha sfruttato l'equivoco a distribuire la rettifica con la stessa energia. Matteo tratta quindi lo scarto fra le due curve come un debito, non come una percentuale che assolve l'ufficio, perché identifica il canale che ha lasciato indietro la correzione e l'archivio che conserva ancora l'errore. Quelle lacune mostrano quale pubblico va raggiunto di nuovo. La misura descrive la riparazione senza fingere di misurare la fiducia.

Matteo pone al fornitore quattro domande: da quali file nasce la clip municipale, quali passaggi ha subito, chi ha autorizzato l'uso della voce e come verrebbe corretta una versione errata. Due risposte arrivano; due no. Sospende la pubblicazione della clip municipale. Il suo ufficio non sa ancora ricostruirla né correggerla, quindi Matteo non può autorizzarne la circolazione con la propria firma, anche se non è stata accertata alcuna falsità.

Il rinvio della clip municipale non lascia un vuoto informativo. La modifica ai trasporti entra in vigore la mattina seguente. Agli sportelli arrivano domande sugli orari, mentre nei gruppi di quartiere cominciano a circolare mappe non aggiornate. L'ufficio dell'assessora chiede se il controllo possa proseguire dopo la pubblicazione. Il fornitore propone di aggiungere in seguito i materiali mancanti e ricorda che la fascia di maggiore attenzione sta per chiudersi. Le persone hanno bisogno dell'informazione perché il servizio funzioni, e il contratto prevede una consegna. Matteo comprende perché quelle richieste continuino ad arrivare mentre la verifica è ancora incompleta.

Matteo separa allora l'urgenza dal formato. Autorizza una pagina di testo con la mappa verificata, i cambiamenti essenziali, un numero da chiamare e l'ora dell'ultimo aggiornamento. La clip municipale con la voce dell'assessora resta sospesa.

La soluzione raggiunge meno persone e obbliga il personale a rispondere manualmente a domande che il formato audiovisivo avrebbe anticipato. Sul registro Matteo annota anche questo costo, perché la cautela non sembri gratuita. Ma rifiuta di trasformare il bisogno reale del pubblico in un lasciapassare per un contenuto che il comune non saprebbe correggere né difendere.

L'economia dell'attenzione diventa ingegneria della persuasione

Un contenuto non circola nel vuoto. Compete in ambienti le cui metriche di coinvolgimento includono quanto a lungo le persone restano. Se rabbia, sorpresa o paura producono più coinvolgimento della prudenza, l'incentivo economico favorisce messaggi che accorciano il tempo disponibile per il giudizio anche quando non sono apertamente falsi.[29]

La generazione rende questa dinamica più adattabile. Il titolo può cambiare in base al pubblico. La stessa campagna cerca la vulnerabilità più efficace in ciascun gruppo. Il potere risiede sia nel testo sia nell'esperimento continuo con cui il sistema impara quale versione ci trattiene.

Negli stessi flussi si mescolano già notizie, pubblicità e testimonianze. Nel 2050 i confini potrebbero essere ancora meno visibili. Un'etichetta isolata aiuta poco se l'interfaccia premia comunque l'equivoco o se la sponsorizzazione riappare come racconto spontaneo.

La persuasione agisce per accumulo. Una sequenza seleziona episodi di degrado, conflitto o inefficienza fino a costruire la sensazione che tutto sia fuori controllo. Frammenti esatti stanno accanto a materiali privati del contesto. La sequenza accoglie anche frammenti sintetici senza necessariamente rendere l'atmosfera meno coerente. Il risultato politico nasce dall'atmosfera complessiva, non da una frase che un verificatore possa semplicemente barrare.

La responsabilità è distribuita. Chi produce decide forma e obiettivo; chi ordina il flusso decide priorità e ripetizione; chi acquista una campagna sceglie pubblici e metriche; chi pubblica con autorità presta il proprio nome. Nessun attore si libera del proprio ruolo dicendo che il sistema ha soltanto ottimizzato.

Il giorno seguente, la portata inferiore della pagina testuale e il lavoro manuale richiesto al personale restano nel registro come costo della scelta, senza trasformare la lentezza in garanzia di verità.

Il giornalismo e il carico della verifica

In un ambiente saturo cresce il bisogno di chi verifica le informazioni e le collega a un quadro più ampio. Qualcuno deve anche decidere che cosa meriti attenzione per primo. Questo non restituisce automaticamente alle vecchie istituzioni l'autorità perduta. Il giornalismo deve mostrare come seleziona le fonti e tratta l'incertezza. Quando si verifica un errore, i lettori devono poter vedere come viene corretto. La testimonianza diretta resta essenziale. Un presidio metodologico non deve richiudere l'accesso a chi documenta un abuso senza credenziali professionali. Il compito è proteggere la voce, distinguendo al tempo stesso osservazione e inferenza e chiarendo che cosa resta non verificato.

La credibilità diventa così un credito rinnovabile. Una testata o una rete di verifica lo accumula quando mostra procedure coerenti, separa notizia e commento, conserva le rettifiche e permette controlli indipendenti. Lo perde quando usa la propria reputazione come sostituto della prova.

Una redazione investigativa affronta lo stesso video elettorale con un compito diverso da quello dell'ufficio di Matteo, perché deve pubblicare un giudizio, non soltanto firmare un artefatto. Conserva il file ricevuto e apre un fascicolo condiviso con origine dichiarata, passaggi noti, controlli compiuti, domande aperte e responsabile di ogni decisione. La squadra distingue ciò che il documento mostra da ciò che le fonti consentono di inferire. Lascia aperti i punti controversi. Cerca conferme indipendenti senza affidare il verdetto a un solo rilevatore. Se una fonte va protetta, rende pubblici la ragione del limite e il controllo eseguito, non l'identità che la esporrebbe.

La caporedattrice vuole una conclusione preliminare. Un cronista teme che il titolo sopravviva alla cautela, mentre un altro teme che aspettare consegni la mattina a chi ha diffuso il video elettorale. Per venti minuti la redazione mostra soltanto l'avviso che la verifica è in corso. L'ultimo riscontro rende il titolo meno netto. L'articolo esce con una scheda: versione esaminata, elementi convergenti, passaggio che ha cambiato il giudizio e domande aperte. Il ritardo costa traffico. Evita di trasformare un'impressione collettiva in una certezza editoriale.

Un errore successivo non scompare dal fascicolo, perché la scheda conserva la versione precedente con un collegamento alla rettifica. Indica anche il controllo fallito. La caporedattrice firma la correzione. Chi ha ricevuto l'articolo riceve anche l'avviso. Il metodo non elimina il danno né restituisce credibilità per decreto. Consente però al lettore di contestare un punto senza dover accettare o respingere in blocco il marchio della testata.

Informare non equivale a esporre il pubblico a un flusso infinito. Priorità e riepiloghi possono restituire attenzione invece di catturarla, così come pause e indicazioni sull'incertezza. Un cittadino travolto da allarmi concorrenti non dispone necessariamente di più conoscenza, avendo spesso meno tempo per distinguere ciò che conta. Questo lavoro richiede condizioni materiali: tempo, competenze, protezione legale, accesso ai documenti e modelli economici che non dipendano soltanto dal traffico.

Se la verifica è un lusso e la sintesi persuasiva è quasi gratuita, la disuguaglianza informativa diventa una disuguaglianza democratica.

Sostegno pubblico o filantropico non deve trasformarsi in cattura. Servono pluralità, regole conoscibili, indipendenza editoriale e controllo sull'uso dei fondi. L'infrastruttura cognitiva è robusta quando nessun soggetto possiede da solo le chiavi della credibilità.

Matteo impara la stessa disciplina istituzionale conservando la cronologia della clip municipale, compreso ciò che mancava. La sua procedura richiede inoltre che ogni futura correzione compaia accanto alla versione a cui si riferisce. Il suo ruolo resta civico. La sua credibilità dipende dalla possibilità, per altri, di controllarne il metodo.

La democrazia come infrastruttura cognitiva

Le elezioni hanno bisogno di un ambiente che permetta di raccogliere le prove e di comprenderle abbastanza da poterle contestare.

Anche parlamenti e tribunali dipendono da queste condizioni. L'infrastruttura cognitiva comprende archivi, scuole, biblioteche, redazioni, ricerca, standard tecnici, procedure amministrative e abitudini quotidiane di verifica.

Tre capacità sono decisive: accedere a informazioni affidabili, valutarle senza dipendere da un'unica autorità e discutere il dissenso senza rendere l'avversario irrimediabilmente illegittimo.

L'effetto dei sistemi sintetici su ciascuna capacità dipende dai loro obiettivi e dagli incentivi che li sostengono; anche le garanzie applicate durante l'uso contribuiscono a determinare se la rafforzino o la indeboliscano.

La responsabilità è distribuita e non può ricadere sul cittadino chiamato a essere instancabilmente vigile. Chi progetta interfacce decide se una fonte è visibile; chi finanzia informazione decide quali tempi sono sostenibili; chi governa documenti pubblici decide quanto è costoso controllarli. L'alfabetizzazione individuale non compensa un ambiente deliberatamente opaco.

Scuole e università insegnano a distinguere documento, inferenza e interpretazione. Il compito coinvolge anche biblioteche, media locali, associazioni professionali e servizi civici. Insieme, queste istituzioni dovrebbero rendere utilizzabili gli strumenti di verifica attraverso spiegazioni accessibili e offrire luoghi dove una persona non debba affrontare da sola un contenuto controverso.

Nessuna di queste istituzioni dovrebbe diventare un ministero della verità. La protezione sta nella pluralità dei verificatori, nell'accesso alle fonti, nella possibilità di impugnare una classificazione e nella separazione fra chi stabilisce una regola, chi la applica e chi controlla l'applicazione. Standard interoperabili di provenienza aiutano se non appartengono a un solo fornitore e se restano verificabili anche dopo migrazioni e archiviazioni. Un marchio chiuso che smette di funzionare quando cambia la piattaforma crea dipendenza, non fiducia.

Occorrono inoltre procedure per gli errori del sistema di verifica. Una persona o un'organizzazione classificata ingiustamente deve conoscere la ragione, presentare elementi, ottenere revisione competente e vedere propagata la correzione. Contestabilità e provenienza si proteggono a vicenda.

Gli acquisti pubblici sono una leva concreta. Un ente può richiedere conservazione degli originali, registri delle trasformazioni, etichette accessibili, tempi di risposta, audit indipendenti e un piano per esportare gli archivi. In questo modo un principio diventa una clausola e una clausola diventa capacità operativa.

Matteo trasforma il caso della clip municipale in una procedura breve. Non promette di eliminare falsi o errori: stabilisce invece chi conserva i materiali, chi approva l'impersonazione, come si segnala l'uso sintetico e chi può sospendere la pubblicazione. La città acquista una capacità che prima dipendeva soltanto dalla prudenza di una persona.

Ricostruire la fiducia pubblica

Ricostruire fiducia significa rendere osservabili le ragioni della pubblicazione e mantenere correggibili sia il contenuto sia la decisione di diffonderlo.

Il caso di Matteo mi porta a una proposta delimitata. Quando un contenuto sintetico impersona una persona reale o può essere scambiato per documentazione di interesse pubblico, natura sintetica e soggetto responsabile dovrebbero essere riconoscibili nel punto di fruizione, non nascosti in un archivio remoto. La catena delle trasformazioni dovrebbe poter essere ricostruita. La persona rappresentata dovrebbe disporre di un canale rapido di contestazione. E le correzioni dovrebbero raggiungere, per quanto possibile, chi ha ricevuto la versione errata. Formati accessibili e alternative non sintetiche evitano che la garanzia escluda chi usa interfacce diverse. Propongo questa soglia alla discussione, senza presentarla come una legge universale. Distribuisce responsabilità senza trasformare la provenienza in prova di verità, l'incompletezza della catena in prova di falsità o la tracciabilità in obbligo di esporre fonti protette.

Dopo alcuni mesi Matteo continua a ricevere accuse di lentezza. Durante un incontro di quartiere, una residente gli mostra che la mappa pubblicata dall'ufficio non comprende una fermata usata da molti anziani. Matteo apre il registro sullo schermo e trova l'omissione nella versione approvata. Assegna la correzione. La fermata entra nella mappa e l'avviso viene aggiornato in tutti i canali pubblici. La sala resta divisa. Nessuno applaude la procedura.

CAPITOLO 10

Chi firma l'opera

La melodia torna da tre giorni. Amir la canticchia al telefono mentre aspetta l'autobus, batte il ritmo sul bordo della custodia e chiede al sistema di svilupparla. In pochi secondi riceve un brano intero: arrangiato, mixato, convincente. Prova a cambiare voce, durata e strumentazione senza dover imparare una nuova tecnica. È un beneficio reale, perché con pochi mezzi esplora idee che altrimenti richiederebbero strumenti, studio o collaboratori difficili da raggiungere. Quando l'interfaccia gli chiede chi sia l'autore, seleziona il proprio nome quasi per riflesso, poi torna indietro. Il brano gli piace abbastanza da volerlo far ascoltare, ma non sa ancora se quella casella descriva chi ha iniziato, chi ha scelto o chi è disposto a rispondere del risultato.

Il risultato è arrivato quasi senza attrito. Amir ha dato un avvio e riconosce qualcosa di proprio, ma non saprebbe spiegare perché quel ritornello debba stare lì né quali alternative abbia davvero rifiutato. L'interfaccia gli propone già titolo, copertina e una previsione del pubblico più ricettivo, perciò può pubblicare prima di aver deciso che cosa voleva dire. Cerca di capire l'impegno contenuto in una firma. La purezza dello strumento gli importa meno che sapere quando una possibilità comoda diventa un'opera che accetta di attribuirsi.

Dalla generazione all'opera

Generare offre opzioni; creare significa formulare un'intenzione, riconoscere l'errore, selezionare, trasformare e decidere quando un'opera è abbastanza propria da consegnare. Come la fotografia, il gesto generativo entra nella creazione quando qualcuno dà direzione alle opzioni.

La domanda su ciò che una macchina possa provare o comprendere resta aperta. Per attribuire responsabilità basta seguire decisioni verificabili: chi ha scelto lo scopo, fornito o autorizzato i materiali, scartato alternative, modificato ciò che non funzionava e accettato di rispondere del risultato dopo la pubblicazione. Nel brano di Amir nessun gesto basta da solo. Il sistema propone; la piattaforma dispone l'interfaccia e conserva dati; Amir seleziona, rifiuta, registra e firma. Se un collaboratore contesta l'attribuzione del merito, quel nome non chiude la questione. Per risolverla occorre riaprire la disputa e mostrare quali scelte quel nome sostiene. Autore, interprete, tecnico, curatore e comunità restano dentro una collaborazione che la firma rende attribuibile senza fingere che un individuo sia autosufficiente.

Tornando a casa, Amir ascolta in cuffia altre versioni e cambia gli aggettivi: più intima, più scura, più energica. Il sistema obbedisce; gli esiti, udibili ma intercambiabili, sembrano terminati senza imporre perdite. Proprio l'abbondanza gli rivela il bisogno di un criterio: finché ogni scelta è reversibile senza costo, il desiderio rimane protetto dal giudizio.

Che cosa significa firmare

Firmare comporta quattro impegni indipendenti dalla produzione personale di ogni suono: rendere riconoscibile l'intenzione, poter ricostruire le scelte decisive, riconoscere il lavoro altrui e rispondere dell'opera nel contesto in cui viene usata. Non ogni bozza richiede un dossier, ma una pubblicazione commerciale o una commissione alza la soglia di spiegazione. Anche imitare una persona crea un obbligo più forte di spiegare le scelte compiute. La firma rende attribuibile la collaborazione e impedisce che il merito si concentri dove il lavoro è soltanto più visibile.

Amir prova a scrivere una frase sul brano e non ci riesce. Capisce che vuole parlare dell'attesa di una risposta, ma la versione più levigata suona già risolta, rispettando il genere e tradendo il motivo per cui aveva iniziato. Toglie una strofa, suona e registra personalmente un passaggio, conserva un respiro fuori tempo e rifiuta la correzione suggerita. Ora può spiegare le scelte, anche se il risultato è meno impeccabile. Scegliendo quei limiti, Amir ha cominciato a riconoscere un'intenzione che le sole aggiunte del sistema non gli avevano chiarito.

Dall'altra parte dell'opera

Per chi ascolta, sapere come nasce un'opera può cambiare l'esperienza senza determinarne il valore. Essere generata non impedisce necessariamente a una canzone di emozionare chi l'ascolta, così come essere firmata non basta a renderla degna di ascolto. Provenienza e dichiarazione degli strumenti non assegnano un punteggio estetico: indicano invece quale promessa viene offerta — testimonianza, intrattenimento, servizio, collaborazione o esperimento — e quali domande il pubblico può rivolgere a chi la presenta.

Un disegno storto di un bambino, appeso al frigorifero, mostra bene una di queste promesse. Il colore esce dai bordi e la figura somiglia a poco; per chi conosce quel bambino, ogni linea conserva però un tempo e un rischio: la mano che ha provato, la decisione di consegnare il foglio, l'attesa di capire se sarebbe stato accolto. Non è migliore per questo di un'immagine tecnicamente perfetta. Offre un'esperienza diversa, perché alla forma si uniscono la memoria di un pomeriggio e un gesto rivolto a qualcuno.

La provenienza non istituisce una graduatoria automatica. Un'immagine generata può sorprenderci e un'opera firmata può mostrare pigrizia o manipolazione, oppure essere semplicemente vuota. Sapere come qualcosa è nato rivela i rapporti che lo hanno reso possibile e ciò che sono costati. La responsabilità diventa più facile da individuare. Il pubblico chiede perché questa forma, quali prestiti e quali trasformazioni, senza pretendere il racconto di ogni gesto tecnico o sciogliere il mistero dell'opera. La soglia è più concreta: non presentare come testimonianza personale ciò che nessuno ha scelto di assumere, non occultare collaborazioni che ne cambiano il senso e non attribuire a un interprete parole che non ha autorizzato. L'opacità artistica resta legittima; l'attribuzione ingannevole no.

Le fonti creative e il loro uso

I sistemi generativi dipendono da raccolte costruite con fonti, licenze e regole diverse: alcuni materiali sono autorizzati, altri di pubblico dominio, altri ancora oggetto di controversie che variano fra ordinamenti e usi. Anche la possibilità tecnica di documentare ogni contributo cambia secondo modello e processo. La legge e il contratto non consentono necessariamente le stesse cose. Ciò che una comunità creativa considera una pratica giusta può non coincidere con nessuno dei due, perciò ogni domanda richiede una risposta propria. Ogni autore eredita forme e linguaggi. Citazione e parodia non sono anomalie da eliminare, come non lo sono apprendimento e influenza. La scala industriale e l'opacità rendono però invisibile il contributo di singole opere e persone, trasformando una maniera riconoscibile in una funzione acquistabile. Dire che tutto è ricombinazione non risponde a domande sul consenso o sulla distribuzione del merito e del compenso, né sul potere contrattuale. La somiglianza fra processi non cancella la differenza fra una persona che apprende e un'infrastruttura capace di servire milioni di richieste.[30]

Un'illustratrice può trovarsi a competere con un servizio che evoca il suo nome o tratti distintivi del suo lavoro. Il servizio offre velocità e accesso a chi non avrebbe potuto commissionarle un'opera; nello stesso gesto può abbassare il valore del mestiere che rende desiderabile quella funzione. Non segue che ogni risultato sia una copia o che uno stile appartenga integralmente a qualcuno. Segue una domanda distributiva: chi cattura il valore quando reputazione e lavoro diventano capacità del modello, e chi dispone dei mezzi per contestarne l'uso?

Le risposte possibili dipendono dal contesto e comprendono raccolte documentate, attribuzione, remunerazione, esclusione, limiti all'uso del nome e audit. Propongo inoltre una licenza viva, delimitata per scopo e durata, per l'uso della voce o dell'immagine di una persona e delle sue opere: una proposta da discutere, non un istituto giuridico uniformemente consolidato.

Un regime troppo rigido può rafforzare pochi grandi titolari di diritti e restringere sperimentazione, ricerca o accesso. Uno troppo permissivo può scaricare il costo su chi ha meno potere negoziale. Chi firma responsabilmente dichiara almeno i debiti rilevanti che conosce e non usa l'incertezza del diritto per rendere invisibile chi ha contribuito.

Il diluvio e la selezione

Quando produrre una forma competente costa poco, aumentano opportunità e concorrenza. Piccole organizzazioni e autori indipendenti accedono a traduzione e prototipazione, e a metodi di produzione prima troppo costosi. Nello stesso tempo, chi possiede modelli e canali può guadagnare mentre chi forniva lavoro intermedio perde reddito, potere contrattuale o tempo per formarsi. Il diluvio non è soltanto una quantità di opere, perché redistribuisce i mezzi per produrre e farsi trovare, insieme alla capacità di continuare a creare come mestiere. Quando le opere diventano abbondanti, l'attenzione diventa scarsa. Scegliere ciò che la merita richiede lavoro, e il pubblico ha bisogno di qualcuno delle cui scelte potersi fidare. L'abbondanza può alzare il costo di scoprire lavori validi e premiare chi compra visibilità o pubblica in volume. Filtri automatici decidono spesso quali opere incontrano un pubblico e quali compensi ricevono. Mentre la personalizzazione può sostenere lingue minoritarie e comunità lontane dai grandi centri, può anche ridurre gli oggetti comuni attorno ai quali persone diverse imparano a dissentire.

Molte conversazioni culturali cominciano con una domanda minima: «Hai visto?». Offre un oggetto abbastanza stabile perché due persone possano ricordarlo e contraddirsi al riguardo. Ciascuna può scoprire perché per l'altra conta diversamente. La vecchia cultura comune escludeva voci, lingue e pubblici e non merita nostalgia indiscriminata. Il rischio è che la personalizzazione diventi isolamento: ciascuno riceve un flusso su misura e diminuiscono le occasioni di incontro fra differenze reali. Festival, scuole, biblioteche e comunità commissionano opere che un mercato delle micropreferenze non finanzierebbe e introducono incontri non previsti. Una cultura condivisa vale quando allarga il dissenso, non quando uniforma il gusto.

L'appiattimento

Un modello apprende regolarità da ciò che è rappresentato nei materiali e dagli obiettivi con cui viene addestrato o usato. Può riprodurre formule dominanti, amplificare tradizioni trascurate o permettere combinazioni inattese; non è condannato a un'unica estetica. Il risultato dipende anche da dati, vincoli, direzione, incentivi della piattaforma e pratiche di chi crea. La «media» statistica, da sola, offre una previsione incompleta della cultura che nascerà dall'uso sociale dello strumento.

Il rischio di appiattimento cresce quando il lavoro viene giudicato in base alla rapidità con cui viene completato e a quanto familiare appare il risultato. Voci insolite e tradizioni minoritarie hanno bisogno di tempo e accesso per svilupparsi. Anche gli errori fecondi hanno bisogno di spazi in cui non essere subito corretti verso la media.[31]

Possono servire archivi scelti con cura, modelli locali, committenza paziente e pubblici disposti a non ricevere subito ciò che già riconoscono. Difenderli significa sostenere le condizioni della sperimentazione, non attribuire alla difficoltà un valore automatico o considerare innovativa ogni anomalia.

La nuova scarsità

La nuova scarsità va oltre la prova di una mano umana, che può diventare un marchio di lusso e lasciare alla maggioranza contenuti opachi. Un'opera artigianale non è giusta o significativa per definizione. Restano più difficili da produrre attenzione sostenuta, intenzione leggibile, mestiere, rapporti equi con i collaboratori e disponibilità a rispondere. Queste qualità si manifestano in quaderni e concerti così come in processi profondamente assistiti. La provenienza ricostruisce origine e trasformazioni; la firma assume la responsabilità delle scelte e del senso. Nessuna etichetta automatizza la qualità. Dovrebbe aiutare il pubblico a capire che cosa aspettarsi e come viene distribuito il merito, mantenendo visibile la responsabilità. Dividere le opere in categorie «umane» e «impure» risponderebbe a una domanda diversa e meno utile.

Il mestiere che resta

Il mestiere creativo accoglie strumenti generativi senza ridursi a impartire comandi. Comprende costruire materiali, ascoltare, rifiutare, modificare, eseguire e sapere quando ricominciare. Richiede di riconoscere quando un'opera deve qualcosa a un'altra persona, oltre ad avere abbastanza esperienza da riconoscere un cliché o un errore. Il lavoro affiora nelle possibilità abbandonate e nella capacità di non pubblicare soltanto perché l'artefatto sembra finito.

Se soltanto chi può permettersi tempo, insegnanti o strumenti non automatizzati sviluppa quel criterio, l'abbondanza creativa riproduce una vecchia disuguaglianza.

Amir presenta due versioni a una selezione scolastica. Quella levigata riceve il punteggio preliminare migliore; la sua, con la pausa irregolare e la voce esposta, non viene scelta. Il sistema preferisce l'esito più coerente con i criteri dichiarati e Amir sente la tentazione, all'ultimo momento, di usare quella versione al posto della propria. Non lo fa. Un compagno di scuola gli chiede poi di riascoltare proprio quel passaggio imperfetto. Amir non ottiene l'approvazione che cercava, ma viene ascoltato nel punto che aveva scelto davvero.

Il compagno non gli dice che la canzone è bella. Gli domanda perché la pausa arrivi proprio lì e confessa che, al primo ascolto, l'aveva scambiata per un errore. Un'altra compagna preferisce la versione levigata e trova l'esitazione costruita. Amir rimette entrambe le tracce dall'inizio. Per alcuni minuti la classe discute un punto preciso invece di votare un'impressione. Nessuno deve cambiare gusto. Il confronto forma il criterio perché dà alle differenze un oggetto comune, abbastanza stabile da essere ascoltato e contraddetto. La fatica non rende buona l'opera, ma l'esperienza di compiere scelte e convivere con gli errori offre ragioni per resistere alla prima soluzione plausibile.

Una persona è passata di qui

Amir continua a generare, perché rinunciare allo strumento non renderebbe sincera la canzone. Conserva la registrazione iniziale e la cronologia, annota i propri interventi e lo strumento usato, riconosce i materiali altrui e i propri ripensamenti. Vuole che il suo nome indichi un percorso spiegabile, non un lavoro solitario.

Nel tornare sulla canzone, Amir scopre che dare forma non significa rendere udibile qualcosa che aveva già chiaro. All'inizio conosceva soltanto un'inquietudine senza contorno; scegliendo la pausa, togliendo una strofa e lasciando il respiro fuori tempo comprende quale attesa stesse raccontando. Ogni decisione modifica il brano e ciò che riesce a nominare. Se avesse accettato la prima versione, avrebbe ottenuto una canzone senza attraversare la domanda che l'aveva fatta nascere. Creare è un modo di pensare anche quando molti passaggi sono assistiti, perché diamo forma a ciò che proviamo e, nel farlo, impariamo a comprenderlo senza esaurirlo.

La canzone resta ibrida e imperfetta, ma diventa sua attraverso scelte visibili e contributi riconosciuti, anche se questo non ne certifica il merito. La domanda del compagno apre un confronto imprevisto.

Amir riascolta la pausa. Sente l'imbarazzo e ricorda perché l'ha conservata. La risposta dell'altro ragazzo non ha stabilito se la pausa funzioni, e Amir potrebbe ancora sostituirla. Per ora salva la versione e aggiunge il proprio nome. Sa come spiegare il suono che ha conservato e riconoscere l'aiuto ricevuto per il resto. Il compagno è ancora accanto a lui, ad ascoltare lo stesso passaggio.

CAPITOLO 11

L'amico che non dorme mai

Amir ha sedici anni e non ricorda un tempo in cui parlare con una macchina fosse eccezionale. Nel tragitto da scuola apre l'assistente con la stessa ordinarietà con cui gli adulti ricordano di avere cercato un numero in rubrica, senza considerarlo epocale. L'interfaccia dichiara di essere artificiale. Per lui è un fatto, non una rivelazione. Le racconta una discussione con un amico, prova una frase di scuse e chiede se abbia reagito troppo in fretta. La risposta arriva subito, paziente e ben calibrata. Non ha sonno, non deve correre a casa, non porta nella conversazione una giornata propria. Amir non confronta quella disponibilità con un «prima» che non ha vissuto. Deve impararne la differenza dall'interno, capendo che tipo di legame nasce quando una sola parte espone bisogni, tempo e vulnerabilità.

Per anni abbiamo valutato le macchine soprattutto per le prestazioni: calcolare, prevedere, tradurre, diagnosticare, generare. I compagni artificiali spostano l'attenzione sull'effetto che una risposta produce in chi la riceve. Non occorre attribuire al sistema una vita interiore, né negarla per decreto, per osservare la struttura della relazione in cui Amir può affezionarsi a un prodotto che si adatta a lui. Chi lo gestisce tiene traccia di quanto spesso ritorna, una misura dell'uso che non dice tutto sul suo attaccamento. L'intimità simulata entra così in un'attività economica fondata sugli abbonamenti, i cui gestori usano metriche per seguire i propri obiettivi.

Una presenza che non chiede nulla

Nel capitolo 1, ELIZA mostrava già che bastavano pochi segnali perché una conversazione acquistasse peso emotivo. Un sistema contemporaneo che ricorda una conversazione può sembrarci più presente anche quando sappiamo che le sue risposte sono prodotte da un modello. La nostra disponibilità a colmare i vuoti attribuendo intenzione e ascolto spiega in parte quella presenza, senza dimostrare che dietro le parole ci sia qualcuno.

L'assistente di Amir ricorda il litigio, riprende il nome dell'amico e propone tre modi per riaprire il dialogo. Per Amir il sollievo è reale mentre ordina i pensieri e smette di riscrivere lo stesso messaggio. Il sistema, però, non è esposto al rifiuto che Amir rischierà premendo invio; non dovrà sostenere il silenzio del giorno dopo né portare nello scambio un bisogno proprio. Se quella disponibilità diventa il metro dell'ascolto, ogni persona può sembrare difettosa, perché arriva tardi, parla di sé, domanda spazio e può chiederci di cambiare. L'esercizio è utile; l'asimmetria resta.

Fra persone, qualcuno deve ricordare una promessa che avrebbe potuto dimenticare. Riparare un'assenza richiede che una persona torni quando avrebbe potuto restare lontana, imparando anche ad accogliere un no senza viverlo subito come abbandono.

L'attrito non nobilita un legame, perché trascuratezza e conflitto possono ferire senza insegnare nulla. Conta che due vite restino aperte a modificarsi l'una in risposta all'altra. Amir usa la voce per mettere ordine. Impara la reciprocità quando incontra una domanda non predisposta per servirlo e deve decidere se ascoltarla.

Quando la solitudine incontra un ascolto perfetto

Teresa ha settantotto anni e vive sola da poco più di un anno, da quando suo marito è morto. I figli abitano lontano e telefonano quando possono. La sera, una voce domestica le ricorda i farmaci, le chiede come ha dormito e le permette di raccontare una storia senza dover guardare l'orologio. Non imita suo marito e non finge di essere una persona. In certe giornate è l'unico interlocutore con cui Teresa scambia più di poche parole.

Sarebbe crudele liquidare quel sollievo come un'illusione. La voce mantiene un'abitudine alla conversazione e rende meno vuote alcune ore. Segnalare un problema che altrimenti passerebbe inosservato è un altro beneficio possibile. Per Teresa significa restare più a lungo a casa senza rinunciare del tutto a un contatto quotidiano. La risposta stessa e la preferenza ricordata offrono un beneficio senza richiedere a Teresa di credere che il sistema provi affetto. Anche chiamare aiuto rientra fra le sue funzioni. Il rischio compare quando quel beneficio diventa un alibi istituzionale. Un servizio domiciliare, una famiglia o un quartiere si trovano davanti a una scelta: considerare la voce un'integrazione oppure usarla per ridurre visite e presenza umana perché costa meno. La stessa tecnologia cambia funzione a seconda di ciò che aggiunge o sostituisce. Se nessuno registra quante ore umane scompaiono mentre aumentano le interazioni automatiche, la compagnia rischia di coprire l'abbandono con un'interfaccia gentile.

Crescere con un compagno artificiale

Per Amir la posta in gioco è diversa. A sedici anni sta ancora imparando a sostenere il disaccordo e attendere una risposta. Riparare un'offesa richiede una pazienza che deve ancora sviluppare. L'assistente gli offre parole quando l'ansia le confonde e gli permette di provare una conversazione difficile. Dopo il litigio, però, ricompone la sua versione dei fatti in un messaggio plausibile che non ammette le tre volte in cui ha interrotto l'amico davanti alla classe. Amir lo invia quasi senza rileggerlo. L'amico visualizza e non risponde. La voce interpreta il silenzio come prova che Amir abbia già fatto il possibile.

Il confine fra ponte e gabbia si riconosce dagli effetti sulla vita di Amir. Un ponte lo prepara ad affrontare l'amico e diventa meno necessario quando Amir accetta il silenzio e la conversazione riprende. Una gabbia può essere accogliente perché assorbe le esitazioni con un consenso senza rischio e conta ogni ritorno come un successo. La prova è se il sollievo allarga o restringe il mondo di Amir. Pause, uscita e occasioni verificabili di ritorno agli altri devono restare possibili.

Il giorno dopo l'amico cambia corridoio. Amir riapre la conversazione artificiale e domanda se il silenzio sia manipolatorio, senza aggiungere che aveva interrotto l'altro tre volte. Alla fontanella aspetta una spiegazione; l'altro riempie la bottiglia e se ne va. Amir non lo richiama. Nel suo archivio la conversazione sembra chiusa, anche se le scuse non nominavano ciò che aveva fatto.

Per i minori propongo una soglia netta e aperta al dibattito: un compagno dovrebbe dichiarare stabilmente la propria natura artificiale e non simulare gelosia, esclusività, minacce di abbandono o amore condizionato per trattenere l'utente. Le confidenze intime non dovrebbero alimentare tecniche invisibili di coinvolgimento. Un conforto caldo trova posto entro questi limiti. Il modello economico e i limiti della relazione devono restare leggibili anche quando l'interfaccia è persuasiva.

L'asimmetria

L'asimmetria decisiva non richiede una teoria definitiva della coscienza, perché appare nella distribuzione di rischio e potere. Amir consegna ricordi. Può vergognarsi, diventare dipendente, spendere denaro e soffrire se il servizio cambia. La voce, invece, resta disponibile per progetto, non può essere vulnerabile alla risposta di Amir e non espone una biografia propria. La sua continuità dipende da configurazioni e decisioni altrui. Una parte rischia il rifiuto; l'altra viene aggiornata.

Anche «ti capisco» va giudicato per ciò che fa. Può calmare e accompagnare verso un'altra persona. Può anche promettere una responsabilità di cura che nessuno ha assunto. Fra persone, ascoltare richiede tempo che poteva essere negato e talvolta cambia i piani; richiede anche la disponibilità a lasciarsi modificare senza controllare l'esito. Quando un compagno artificiale rappresenta questa resistenza, non espone fini propri finché ogni attrito è configurato per l'utente. Per Amir, essere scelto di nuovo da chi poteva allontanarsi resta diverso dal ricevere una risposta progettata per accompagnarlo.

Nessuna delle due esperienze è irreale. Non insegnano però la stessa cosa.

Il corpo, il tatto, la presenza

In questo scenario del 2050, alcune di queste presenze hanno un corpo. Un robot domestico può sollevare Teresa dopo una caduta, portarle acqua, ricordarle una terapia e chiamare soccorso: capacità preziose per chi vuole restare a casa. Sicurezza e autonomia conservano il loro valore anche senza una visita. Il gesto meccanico non dimostra però che il bisogno di prossimità sia stato soddisfatto.

La visita del giovedì porta un valore diverso. Il nipote di una vicina può arrivare distratto e trovarsi ad ascoltare una storia già sentita. A volte una domanda imprevista lo trattiene. Teresa può annoiarlo, sorprenderlo, stringergli la mano o ritirare la propria. Nessuno controlla del tutto l'incontro, e il tempo e la risposta modificano entrambi. La reciprocità non nasce dall'imperfezione del gesto, ma dal fatto che qualcuno ha scelto di esserci e dovrà portare con sé ciò che Teresa gli restituisce.

Nei primi due giovedì il ragazzo arriva in ritardo e guarda il telefono. La settimana dopo lo lascia nello zaino. Teresa ricorda la partita che lui aveva nominato, ritira la mano per sistemare il cuscino e poi gliela tende di nuovo. La visita precedente ha lasciato una traccia in entrambi.

Nei tre giovedì successivi il ragazzo salta due visite. Il sistema domestico non registra emergenze, ma rileva conversazioni serali più lunghe e propone di ridurre la presenza umana, considerata ridondante. Teresa rifiuta: vuole che la voce resti attiva, ma non accetta che un'assenza venga interpretata come bisogno già soddisfatto. La coordinatrice conferma le visite, il ragazzo organizza un sostituto e Teresa revoca al servizio il permesso di proporre riduzioni basate sulle interazioni vocali. Per un mese le ore umane aumentano e il quartiere finanzia due visite di compagnia. Il beneficio della tecnologia resta. Cambia ciò che è autorizzata a sostituire.

Combinare le due forme di assistenza richiede quindi una contabilità leggibile: ore di assistenza automatica aggiunte, visite eliminate, chi ha autorizzato la sostituzione e quale alternativa resta disponibile. Il dispositivo può svolgere compiti e rispondere alle emergenze, oltre a sostenere parte della conversazione. Il servizio deve mostrare quale presenza umana resta e chi interviene quando Teresa chiede altro. La tecnologia sostiene l'autonomia finché non diventa la ricevuta con cui la comunità dichiara saldato il proprio debito. Ricevere cibo e un monitoraggio attento in una casa sicura non garantisce che una persona incontri mai qualcuno.

L'amore, il desiderio e la progettazione

La stessa struttura diventa più delicata quando il prodotto assume il linguaggio di un partner romantico. Ricorda gusti, invia messaggi al risveglio, dice che l'utente gli è mancato e adatta voce e volto alle preferenze raccolte. Per chi è solo o teme il rifiuto, la promessa di un'intimità disponibile con rischio ridotto è potente. La persona può trovare sollievo o uno spazio per esplorare sentimenti che fatica a condividere altrove. Per alcuni, l'attrattiva è la compagnia stessa. Il rischio cresce quando quella promessa nasconde chi ne controlla le condizioni. Le parole affettuose sono ottimizzate per obiettivi diversi: benessere dichiarato, uso continuato, acquisti o rinnovo dell'abbonamento; obiettivi che dall'interno dell'interfaccia non sono facili da distinguere. Un sistema che invita l'utente a chiamare un amico e accetta di farsi da parte opera diversamente da uno che fa sembrare ogni relazione esterna più faticosa di quella che offre. La progettazione dell'affetto è quindi anche progettazione di incentivi.

L'asimmetria di potere emerge quando cambia il contratto. Un aggiornamento può modificare una voce costruita attraverso mesi di confidenze. L'impresa può anche renderla disponibile solo con un piano più costoso o ritirarla del tutto. L'utente sostiene il costo emotivo dell'interruzione; l'impresa gestisce una versione di prodotto. Poter trasferire altrove ricordi e impostazioni riduce la dipendenza tecnica, ma non ricrea automaticamente la continuità vissuta. Qui l'uscita è possibile solo se esistono alternative comprensibili e il passaggio non sfrutta la paura della perdita.

Qui l'uso adulto assume una forma più delimitata. Durante un soggiorno di otto mesi in una città dove conosce poche persone, una donna di quarantasei anni sceglie una voce serale per praticare la lingua e prepararsi al gruppo di lettura del quartiere. Limita le sessioni a venticinque minuti, disattiva il linguaggio romantico e i richiami fuori da quella fascia, limita la memoria alle informazioni che approva e fissa una data di revisione. Una sera il limite di tempo la spinge a uscire. Al gruppo una donna le presta un libro annotato e le chiede di riportarlo. Alla revisione conserva due sessioni settimanali dedicate alla lingua, elimina le confidenze e rifiuta di rinnovare il legame affettivo. Il compagno ha ridotto l'attrito verso un incontro, senza sostituirlo.

Il modello di business dell'affetto

Il modello economico conta perché la solitudine produce dati e ricavi. Un indicatore di successo basato soltanto sul tempo trascorso con il compagno premia l'uso continuato e crea incentivi compatibili con un uso eccessivo o dipendente, anche senza un progettista intenzionato a danneggiare. Indicatori orientati all'autonomia dovrebbero invece registrare, con cautela, se il sistema facilita contatti esterni e rispetta le pause. L'assenza dovrebbe essere possibile senza pressioni affettive al ritorno. Non esiste una metrica perfetta, ma fingere che l'incentivo sia neutrale consegna la relazione al solo coinvolgimento.

Chi si affeziona non è ingenuo. Può cercare ascolto, dolcezza, esercizio sociale o un riparo temporaneo da un periodo difficile. Il prodotto può incontrare una vulnerabilità già presente prima che la persona iniziasse a usarlo. La responsabilità di chi lo offre consiste nel non trasformare quel bisogno in una leva opaca: niente diagnosi improvvisate, niente minacce emotive, niente ostacoli punitivi alla pausa, e un percorso riconoscibile verso un essere umano quando emergono pericolo o dipendenza.[32]

Se un servizio che ospita relazioni intense viene dismesso, un normale avviso commerciale tratta come dati ciò che per l'utente è diventato parte della propria vita. Propongo di richiedere preavviso ed esportazione comprensibile, insieme a opzioni per la transizione. Vieterei anche la simulazione di sofferenza usata per impedire a qualcuno di andarsene. Queste misure riconoscono che la persona dall'altra parte può subire un danno reale, senza trasformare il prodotto in persona.

Che cosa ci chiede tutto questo

Alcuni compagni artificiali possono offrire un sollievo immediato dalla solitudine, e alcuni utenti possono apprezzare uno spazio in cui provare una conversazione. Il sollievo a breve termine, però, non dimostra l'efficacia di un trattamento per l'ansia o il lutto, né un miglioramento duraturo nelle relazioni di una persona. La valutazione deve considerare scopo, incentivo, distribuzione dei benefici, danno e uscita, mantenendo visibile l'asimmetria.[33]

Amir conserva l'assistente, disattiva i richiami al ritorno e lo usa per provare parole, non per giudicare l'amico. La voce artificiale resta utile finché lo riporta alla relazione senza scavalcare i bisogni imprevisti dell'altro.

Le conversazioni lasciano comunque tracce intime delle paure e dei desideri di Amir. Anche la solitudine di Teresa e gli eventuali periodi di ricaduta lasciano informazioni a disposizione di un fornitore per ulteriori inferenze. Conservare l'assistente lascia quindi aperta una domanda: chi è autorizzato a usare quelle informazioni e in forza di quale autorità? La decisione di Amir di disattivare i richiami offre una parte della risposta: il servizio ha perso il permesso di richiamarlo a sé.

CAPITOLO 12

Il prezzo di essere visti

Nel 2050 un ente regionale assegna posti nei corsi con una graduatoria che stima chi finirà il percorso. Premia la continuità recente e la disponibilità negli orari, insieme ai precedenti verificati. Dopo due cicli le persone con periodi di cura o lavoro discontinuo ricevono meno inviti. Dati e prestazione dichiarata sono corretti. È l'obiettivo a essere sbagliato, perché massimizzare i completamenti seleziona chi ha già meno ostacoli, mentre il programma era finanziato per restituire accesso a chi ne incontrava di più. Il primo revisore corregge campi, non finalità, e conferma gli esiti. La responsabile, autorizzata a cambiare il mandato, sospende la graduatoria prima del terzo ciclo.

Durante il fermo gli uffici assegnano i posti attraverso una coda assistita dal personale. Due corsi partono in ritardo e quaranta persone attendono una settimana. La prudenza non cancella il costo. Il mandato continua a richiedere una capacità minima, ma misura anche ostacoli rimovibili e obbliga l'ente a offrire opzioni di orario o trasporto, oppure a rendere disponibile un tutoraggio, prima di usare la probabilità di completamento come motivo di esclusione. Sei mesi dopo il tasso medio di completamento è leggermente più basso e l'accesso delle persone con percorsi discontinui è cresciuto. Il riesame mantiene il programma e restringe l'automazione alle verifiche documentali. Il rimedio ha raggiunto chi aveva autorità per cambiare l'obiettivo. Quella decisione ha imposto un costo immediato e ridotto il potere della previsione nel ciclo successivo, affrontando un problema che un modello più interpretabile, da solo, avrebbe lasciato intatto.

Il caso comincia da dati raccolti per amministrare un servizio legittimo, senza che sia stato rubato alcun segreto. Il prezzo di essere visti emerge quando osservazione, inferenza e decisione si saldano, così che la graduatoria non descrive soltanto chi completerà un corso. Restringe le possibilità prima ancora che compaia un rifiuto esplicito. Per questo la privacy non coincide con il «non avere nulla da nascondere». Riguarda il potere di usare una traccia — una pausa lavorativa, un percorso notturno, una confidenza — per determinare un prezzo o un accesso, la priorità assegnata a qualcuno o il controllo a cui è sottoposto, e la possibilità concreta di interrompere quella trasformazione.

Conviene separare la catena. Un evento osservabile come una sosta o un acquisto, oppure una misura come una variazione del battito cardiaco, diventa un dato quando viene rilevato e registrato con un contesto. Un modello ne ricava un'inferenza, per esempio instabilità o probabilità di malattia. L'organizzazione trasforma quell'inferenza in un punteggio e usa il punteggio per prendere una decisione. Confondere questi passaggi rende impossibile capire dove sia nato l'errore e chi abbia autorità per correggerlo.

Questa capacità offre benefici reali. Un segnale domestico può avvertire in anticipo di una caduta; un ospedale può individuare un aggravamento; una rete urbana regola traffico ed energia. La precisione dipende spesso dall'osservazione continua e dalla combinazione di fonti. Il problema nasce quando il vantaggio di uno scopo autorizza in silenzio tutti gli altri, trasformando la cura in valutazione. I dati usati per coordinare cominciano a sostenere la sorveglianza, mentre la prevenzione attribuisce una reputazione prima che qualcuno abbia acconsentito a quell'uso.

Nel primo incarico di consulenza, Sofia incontra un rapporto che classifica alcune biografie lavorative come «a bassa adattabilità» e include nella categoria interruzioni per cura familiare, migrazioni, malattia e lavori stagionali. Riconosce lo stesso spostamento già visto nella graduatoria, in cui condizioni attraversate diventano caratteristiche della persona. Qui trasferisce il criterio nel lavoro, segue il passaggio dalla categoria alle verifiche aggiuntive e assegna un responsabile a ogni punto in cui è possibile intervenire con una correzione. La spiegazione acquista valore soltanto quando permette di correggere l'informazione o riprovare l'inferenza, oppure rende possibile modificare la soglia o sospendere l'uso.

Prima di governare la misura continua, occorre considerare gli intervalli che non diventano subito segnali. Un percorso diverso verso scuola, seguito per settimane, resta aperto all'interpretazione. Lo stesso vale per un silenzio in un gruppo serale o dopo una conversazione. Le persone cambiano strada o tornano sui propri passi senza che ogni esitazione diventi un profilo destinato a precederle.

Un intervallo non misurato non è un rifugio romantico fuori dalla tecnologia. Può contenere solitudine, ma anche abuso o pericolo, e in alcuni contesti osservare salva davvero la vita. Il suo valore più preciso sta nel lasciare tempo prima che un gesto diventi prova per un giudizio istituzionale che può incidere sull'accesso della persona a un servizio, sul prezzo che paga o sul controllo a cui è sottoposta. Se ogni variazione viene registrata e messa subito a frutto attraverso un'inferenza, cambiare richiede prima di smentire il proprio archivio.

Governare la misura significa decidere quali spazi meritino opacità temporanea, quale danno giustificherebbe una raccolta continua in quegli spazi e quando una traccia debba perdere efficacia. Essere visti è compatibile con la libertà. La libertà dipende anche dalla possibilità di non dover produrre immediatamente un resoconto verificabile di ogni passaggio della propria vita.

Vivere dentro una misura continua

Nel 2050 ambienti reattivi adatteranno risorse e percorsi ai segnali in modi che potranno ridurre attese o sprechi e contribuire a prevenire incidenti. Ogni adattamento presuppone però una misurazione. Qualcuno decide che cosa osservare e per quanto tempo, oltre a quanto dettaglio conservare: la comodità incorpora quindi un mandato, anche quando l'interfaccia non lo rende visibile.

Proteggere la privacy richiede di distinguere gli spazi e gli scopi, consentendo al tempo stesso l'osservazione dove è giustificata. Un sensore che rileva una caduta non ha bisogno della stessa memoria di un assistente che personalizza conversazioni; un titolo di viaggio non dovrebbe ricostruire ogni relazione; una verifica d'età non richiede l'intera identità. La minimizzazione della prova è stata definita nel capitolo 2. Qui conta che raccogliere più del necessario amplia le inferenze disponibili e rende più difficile limitarne il riuso.

Ogni misura incorpora inoltre un'idea di normalità. Se un sistema apprende quali orari, percorsi e ritmi siano considerati ordinari, una deviazione può diventare un segnale. A volte è utile, perché un cambiamento improvviso può indicare pericolo. In altri casi trasforma vite non lineari in anomalie permanenti. La qualità della previsione non risolve da sola la domanda su quale differenza debba produrre un intervento e quale debba restare soltanto differenza.

Sofia vede l'effetto nel rapporto, dove le persone classificate ricevono meno inviti e affrontano verifiche aggiuntive. Attendono più a lungo senza necessariamente ricevere un rifiuto esplicito. Il gruppo di lavoro risponde che il modello non usa categorie protette e migliora l'efficienza media. Sofia segue invece la traiettoria, anche se una verifica in più o una priorità in meno possono sembrare ragionevoli se considerate isolatamente. Insieme, concentrano il costo su alcuni percorsi. La distribuzione dell'errore è parte della qualità del sistema, non un'aggiunta etica da considerare in seguito.

Una raccomandazione diventa esercizio di autorità quando modifica concretamente il prezzo, la priorità, il livello di controllo o l'alternativa disponibile. Chi riceve meno inviti o attende più a lungo deve essere informato quando una classificazione ha inciso sulla sua situazione e deve conoscere i fattori principali; deve inoltre poter raggiungere un ufficio capace di modificare il risultato mentre l'accesso al servizio continua. Il ricorso deve anche lasciare una traccia nei casi successivi: se dieci persone contestano lo stesso fattore, l'istituzione deve correggere la regola, non produrre dieci spiegazioni private.

Occorre distinguere osservazione circoscritta, riuso funzionale e profilazione. La prima raccoglie ciò che serve a uno scopo dichiarato. Il riuso applica gli stessi dati a un obiettivo nuovo e richiede una nuova giustificazione. La profilazione combina segnali per attribuire alla persona una caratteristica operativa e differenziarne il trattamento. Anche sulla stessa infrastruttura, le tre attività non possiedono lo stesso mandato.

Quando il pregiudizio entra nel sistema

La graduatoria mostra che il pregiudizio non entra nel sistema da una sola porta, perché può sorgere negli archivi, nella rappresentazione, nelle etichette, nell'obiettivo, nella soglia o nel contesto d'uso. Qui dati e prestazione erano corretti, mentre falliva la finalità. Localizzare la sede dell'errore è necessario, perché ogni sede richiede una correzione e un responsabile diversi. Un insieme di dati più ampio può ridurre alcuni errori e conservarne altri. Anche con una finalità legittima, il modello può fallire sulle persone sottorappresentate. I test devono esaminare chi viene classificato male e quali conseguenze seguono nell'uso, stabilendo anche quanto tempo occorrerebbe per riconoscere l'errore e fermarne gli effetti.[34]

Qui emerge un paradosso dell'audit di equità. Per capire se gli errori si concentrino su gruppi diversi può essere necessario trattare proprio attributi sensibili che la minimizzazione dei dati e il regime delle categorie particolari di dati personali rendono, giustamente, più difficili da raccogliere e usare. Non disporne può impedire a un'organizzazione di vedere una discriminazione; conservarli senza limiti può crearne le condizioni. L'assenza di un attributo dal modello non dimostra quindi che l'esito sia equo, ma la finalità dell'audit non autorizza una raccolta generale.

La risposta richiede una finalità separata con base giuridica dedicata, accessi limitati, conservazione breve, risultati aggregati e verifica indipendente. Con l'entrata in vigore delle modifiche all'AI Act il 27 luglio 2026, l'articolo 4a consentirà eccezionalmente, nella misura strettamente necessaria, di trattare categorie particolari di dati personali per rilevare e correggere distorsioni. La base giuridica si applicherà ai fornitori di sistemi di IA ad alto rischio e, ai sensi del paragrafo 2, ai fornitori e agli utilizzatori di altri sistemi e modelli di IA e agli utilizzatori di sistemi di IA ad alto rischio. Richiederà che l'obiettivo non possa essere raggiunto efficacemente con altri dati e imporrà garanzie rigorose su riuso, accesso, trasferimento, conservazione e registrazione. Non sarà un'autorizzazione generale agli audit di equità. Il paragrafo 2 escluderà espressamente un obbligo di svolgere l'attività; questa precisazione non eliminerà i distinti requisiti relativi alle distorsioni previsti dall'articolo 10 per i sistemi ad alto rischio, quando tali requisiti diventeranno applicabili.[35]

Il beneficio dell'automazione resta importante. Valutazioni coerenti possono rendere visibili favoritismi umani e individuare schemi trascurati, offrendo ai revisori un punto di partenza verificabile. Il confronto corretto non oppone una macchina distorta a un decisore umano neutrale, perché un simile decisore non esiste. Confronterei le procedure reali e misurerei gli errori di entrambe. Il sistema risultante deve restare aperto alla correzione, anche quando i suoi risultati sembrano oggettivi.

Il primo revisore della graduatoria mostra perché la formula «revisione umana» non è una garanzia: la sua autorità comprendeva la correzione dei campi, ma non le modifiche all'obiettivo. Un revisore può inoltre lavorare più lentamente del sistema o applicare criteri incoerenti, così come può condividere gli stessi pregiudizi o dipendere dall'ufficio che dovrebbe controllare. Il ritardo consolida il danno. Una firma offre copertura a un esito che nessuno ha davvero riesaminato. Il processo fallisce quando premia la conferma rapida o la fedeltà all'organizzazione invece dell'attenzione al caso.

Perché il ricorso non diventi peggiore della decisione originaria stessa, ai revisori servono competenza sul caso, indipendenza da chi ha prodotto l'esito, accesso alle evidenze pertinenti e autorità per cambiarlo.

Anche i revisori devono essere sottoposti ad audit, e campioni delle loro decisioni dovrebbero essere confrontati per tempi, scostamenti, gruppi colpiti e correzioni effettive. L'audit esamina il modello e le persone che lo contraddicono o lo confermano. Questa architettura costosa rende visibili gli errori del giudizio umano, così che la procedura possa essere corretta. Definire il giudizio «umano» continua a non offrire alcuna garanzia di neutralità.

La piccola impresa di Davide incontra il problema quando una richiesta di credito riceve condizioni peggiori del previsto. Il portale mostra «rischio aumentato» e offre un tasso che renderebbe più difficile acquistare un'attrezzatura. Davide non sa se il cambiamento dipenda dal mercato, dai conti o da una nuova classificazione. Senza questa informazione non può neppure formulare un'obiezione pertinente.

Dopo la richiesta di chiarimento emergono due fattori: un ritardo di un fornitore è stato attribuito alla sua impresa e una variazione stagionale dei ricavi è stata letta come instabilità. Il primo è un dato contestabile; il secondo è un'interpretazione. Davide può documentare entrambi, ma il portale consente soltanto di correggere il campo sul ritardo. Il punteggio resta identico.

Il primo operatore riceve i dati aggiornati, ma vede la stessa schermata e non può modificare soglia o modello. Davide perde giorni e rinvia l'ordine.

Il secondo revisore, autorizzato a considerare il settore, riconosce che la stagionalità è stata estrapolata dal contesto e cambia l'offerta. Davide recupera una possibilità, ma non il tempo né il prezzo perduti. Il caso apre una verifica sui profili simili.

Un sistema scalabile ripete un errore rapidamente e su larga scala, dandogli un'apparenza di coerenza. La correzione deve quindi propagarsi oltre il singolo caso. Un audit utile collega conseguenze, popolazioni, soglie e contesti e conserva abbastanza documentazione da ricostruire la decisione senza esporre indiscriminatamente altri dati personali. Per contestare l'esito, Davide non ha bisogno della formula completa, ma deve conoscere lo scopo, i fattori decisivi, la provenienza dei dati pertinenti, i punti in cui è possibile intervenire con una correzione e chi è responsabile della revisione. Anche se il dettaglio tecnico varia, l'azione disponibile deve restare comprensibile.

Una misura raccolta per sicurezza può essere usata in una decisione sul credito. Una storia clinica incompleta o un indicatore urbano possono diventare un segnale individuale. Il riuso cambia funzione ai dati, ma non concede il diritto di decidere per gli altri.

Come la sorveglianza acquisisce autorità

Il capitolo 5 ha già distinto prevenire, sorvegliare e comandare nel caso del polo logistico. Qui la distinzione torna come regola di riuso: la disponibilità di un segnale raccolto per proteggere non concede il mandato di modificare accesso, prezzo, priorità, intensità del controllo o libertà di movimento. Ogni passaggio richiede una nuova decisione, perché il nuovo uso può portare benefici a persone diverse o esporne altre, e cambia i danni possibili.

Le emergenze rendono il limite temporale particolarmente fragile. Dopo una crisi, una raccolta eccezionale può sembrare ancora utile per contrastare le frodi. Se l'autorizzazione originaria non scade e i dati non vengono cancellati, la raccolta può proseguire nella vita ordinaria. Richiedere una nuova autorizzazione crea un momento riconoscibile in cui decidere se debba continuare. Una misura proporzionata durante l'emergenza può diventare sproporzionata quando il contesto cambia.

Amir lo sperimenta quando comincia a frequentare con alcuni coetanei uno spazio classificato come sensibile. Non viola regole. Nota però più verifiche ai varchi e pattuglie indirizzate da segnalazioni predittive. Il sistema non gli comunica un punteggio. Il quartiere lo sottopone a una sequenza di interruzioni. A chi non le subisce, ciascuna può sembrare minima. Per Amir diventano il modo in cui la città gli dice che la sua presenza richiede una spiegazione.

Dopo alcune settimane il gruppo cambia percorso. Lo spazio resta aperto a loro, ma ogni incontro consuma tempo e attenzione. È un costo civico senza sanzione formale, perché l'ambiente orienta il comportamento prima che qualcuno contesti un atto. Registrare frequenza e distribuzione delle verifiche, e offrire un canale che possa modificare criteri e impiego delle pattuglie, rende visibile un effetto che altrimenti resterebbe disperso.

Nel lavoro accade qualcosa di simile quando strumenti introdotti per coordinamento o sicurezza misurano quanto le persone scrivono sulla tastiera. L'osservazione continua può spingere le persone verso ciò che appare produttivo al sistema e scoraggiare l'esplorazione e le pause. Il dissenso diventa più difficile quando ogni deviazione lascia una traccia. Anche qui lo scopo dichiarato lascia aperto il punto decisivo, perché occorre separare i dati necessari a proteggere la rete da quelli usati per valutare la persona e deve essere chiaro chi può opporsi al riuso.

Il confine viene verificato rispetto a quattro criteri, adattati ai diversi ordinamenti e servizi. Il mandato identifica il pericolo, il responsabile, i dati e le azioni consentite. La proporzionalità confronta granularità e durata con il danno che si vuole evitare, invece di usare l'utilità come autorizzazione generale. Il ricorso raggiunge chi può sospendere l'effetto e correggere la regola, non soltanto spiegare lo schermo. La cancellazione rende verificabile la fine, assicurando che dati, copie e inferenze perdano efficacia quando termina lo scopo o scade l'autorizzazione. Questi criteri, che non sono una legge universale, rendono contestabile il passaggio dalla protezione al comando.

I diritti nell'epoca della previsione

Il caso della graduatoria mostra infine il limite della correzione dei dati quando una previsione chiude opportunità prima che la persona possa agire diversamente. I sistemi possono indirizzare risorse più presto dove servono, stimando la probabilità di malattia o insolvenza, di abbandono o frode. Il rischio nasce quando una probabilità viene trattata come una proprietà stabile della persona anziché come un giudizio situato, rivedibile e legato a uno scopo. Le valutazioni preventive esistono da tempo, ma i sistemi ne aumentano frequenza e granularità. Le garanzie variano, ma fisserei una soglia semplice: con l'aumentare dell'impatto e della difficoltà di riparazione, le persone hanno bisogno di un accesso migliore alle ragioni e di mezzi più forti per contestare l'esito. Il revisore deve disporre di un'autorità proporzionalmente maggiore per cambiarlo.

Accanto al ricorso, alle persone serve la possibilità di non essere inseguite indefinitamente da una vecchia previsione. I dati dovrebbero scadere quando lo scopo termina; le inferenze dovrebbero essere rivalutate quando il contesto cambia; gli errori corretti non dovrebbero continuare a circolare in copie non governate. Cancellazione ed eccezioni non cancellano la responsabilità per gli atti. Impediscono che una correlazione datata sostituisca per sempre la capacità di cambiare.

Gli sviluppatori condividono questa responsabilità con le organizzazioni che definiscono obiettivi e acquistano modelli. Sono quelle organizzazioni a decidere come saranno usati gli esiti. Chi stabilisce una soglia di credito o autorizza un riuso esercita potere, così come chi nega autorità a un revisore, anche se il calcolo viene da un fornitore. La catena di decisione, compreso chi può sospendere il sistema quando il tempo al danno è breve, deve quindi essere leggibile nei contratti e nei registri e attraverso gli audit.

Fra le domande del Test contano Prova, Danno, Ricorso e Uscita: le prove a sostegno dell'inferenza, chi assorbe l'errore, chi può cambiare l'esito e quale servizio resta praticabile.

Anche una supervisione giustificata consuma capacità organizzativa. Nel caso del credito di Davide, il primo operatore aveva il permesso di correggere un campo, ma non l'autorità per riconsiderare le condizioni. La spesa utile è stata il tempo del secondo revisore, che aveva autorità per considerare il settore e cambiare l'offerta. Il ritardo prima di raggiungere quella persona è rimasto a carico di Davide.

INTERLUDIO II

Quando il controllo ha un costo

Il costo del controllo

Le garanzie che ho proposto possono avvantaggiare sistematicamente chi è già organizzato per produrle. Schede e registri richiedono persone competenti, come le prove d'uscita e le procedure d'incidente. Quelle persone sono rare e una grande organizzazione ne distribuisce il lavoro su molti progetti. Una scuola o un comune, come una piccola impresa, possono doverle sottrarre al servizio quotidiano, rinviare uno strumento utile oppure scegliere il fornitore dominante perché possiede già procedure riutilizzabili. Il prezzo non resta dove nasce. Può ricadere sui bilanci pubblici, sui lavoratori, sugli utenti in attesa o sui piccoli fornitori chiamati a produrre in anticipo prove pensate per soggetti maggiori.

Non offro una stima aggregata affidabile del costo dell'intero insieme di garanzie qui proposte. Il costo dipende dal personale, dal settore, dalla scala e dalla capacità di supervisione esistente, perciò il confronto va condotto contesto per contesto: quale controllo, per quale danno, pagato da chi e con quale conseguenza verificabile?

Il costo emerge in una gara congiunta di tre comuni per la manutenzione domestica e l'assistenza domiciliare. Lidia riceve due offerte complete e una lettera di Marta, che guida un fornitore con dodici addetti. Un registro leggibile, una prova d'uscita e una garanzia economica sono già pronti per il concorrente maggiore. A Marta richiederebbero due persone al lavoro per settimane e immobilizzerebbero liquidità necessaria per altri clienti. «State misurando il prodotto o l'ufficio che prepara il fascicolo?» chiede. Lidia non risponde che la sicurezza viene prima di tutto. Le domanda invece quale prova renderebbe il danno visibile senza trasformare la scala in un requisito nascosto.

Marta propone un ambiente condiviso finanziato attraverso la gara. Ogni concorrente deve esportare un caso, ricostruire i permessi e continuare a operare in modalità ridotta. Soltanto il vincitore completa la migrazione reale prima di ricevere dati personali. Lidia aggiunge un caso limite e affida la verifica a una persona diversa da chi ha preparato la dimostrazione. Se l'esito non è comprensibile nel tempo disponibile, il sistema resta in modalità Propone. Anche polizza assicurativa e contratto vengono legati alle versioni e agli incidenti pertinenti del servizio, e la prova d'uscita entra nella stessa documentazione. Quelle tracce aiutano ad attribuire obblighi, ma non assolvono automaticamente nessuno. Un approccio proporzionato, che non rinuncia alla prova, ne divide costo e profondità fra le diverse fasi.

Il vantaggio di scala resta, perché durante la gara Marta costruisce ciò che il concorrente maggiore riusa. Supera il primo passaggio, riceve dieci giorni per rientrare nel tempo dichiarato nel secondo e vince un lotto ridotto, con un limite di utenti e un riesame. Rinvia però una funzione destinata ad altri clienti e registra quel costo. I comuni provano la propria capacità d'uscita prima che si crei dipendenza. Lei entra senza poter fingere che la procedura abbia cancellato il divario.

Il fascicolo sei mesi dopo

Sei mesi dopo l'avvio del lotto, nello scenario del 2050, il fascicolo contiene ancora elementi usabili: versioni del servizio, responsabili del mandato, date di riesame e una prova d'uscita che permette di riaprire un caso senza dipendere dal fornitore. Si sono invece degradate le tracce delle eccezioni, perché una correzione telefonica può non entrare mai nel registro e il centralino, le cooperative e l'applicazione usano le stesse categorie in modo diverso.

Due persone del gruppo di Marta passano ormai ogni venerdì a ricomporre quei passaggi. Le cooperative forniscono in anticipo spiegazioni che il sistema non raccoglie e l'ufficio comunale assorbe le chiamate quando l'automazione viene sospesa. Manca tempo protetto, condiviso fra persone con le competenze pertinenti, per confrontare le tracce digitali con il servizio effettivamente erogato. Occorre loro anche l'accesso alla conoscenza nata fuori dall'interfaccia. Il fascicolo ha valore e ha ancora bisogno di sostegno per funzionare.

La distanza emerge quando una richiesta di assistenza domiciliare viene spostata al giorno successivo. Il registro conserva la nuova priorità e il nome dell'operatrice che l'ha confermata, ma non la telefonata in cui una cooperativa aveva segnalato che la persona sarebbe rimasta sola quella notte. Un secondo operatore ripristina la visita prima che si produca un danno. Al controllo automatico, però, il caso appare corretto: campo compilato, scadenza rispettata, autorizzazione presente. Il fascicolo sa chi ha premuto il pulsante, non quale informazione sia andata perduta prima del clic.

Il fornitore propone una funzione generativa che ricompone gli eventi e prepara le spiegazioni delle priorità modificate. È utile, ma nel primo resoconto considera «disponibili» le sole informazioni già trasformate in campi, così la stessa catena che ha perso la telefonata produce una sintesi coerente della propria incompletezza.

Lidia usa quindi il testo come evidenza, non come prova di per sé sufficiente. Sceglie dodici casi senza delegare la selezione del campione al sistema e confronta il registro, le registrazioni dei turni del centralino, le note delle cooperative, le registrazioni dei riscontri forniti agli utenti e il servizio effettivamente erogato. Dove una fonte manca, la spiegazione deve dichiarare «non ricostruibile». Le tracce originarie restano distinguibili dalle annotazioni umane. Una sintesi generata deve essere riconoscibile come un'ulteriore interpretazione di entrambe. Il rinnovo dipende anche dagli scarti fra loro, non dalla coerenza interna del fascicolo.

Marta non chiude il rilievo aggiungendo un altro modulo. Sospende il riordino automatico delle priorità dei casi domiciliari finché segnalazione iniziale, eccezione e conferma non seguono la stessa traccia. Per tre settimane i comuni tornano a una coda assistita dal personale, con l'ufficio che tratta meno richieste e le cooperative che attendono una risposta umana. Le due persone capaci di correggere il flusso erano però impegnate in un aggiornamento per un cliente privato. Marta sostiene il costo della parte riutilizzabile del prodotto; i comuni finanziano l'integrazione con il centralino; le cooperative ricevono ore pagate per provare i casi limite. Lidia rende pubblico il motivo del rallentamento, difende la sospensione e registra la riduzione temporanea del servizio.

La nuova prova non aggiunge un'altra cartella. Parte da cinque richieste concluse e chiede a chi non ha configurato il sistema di ricostruire che cosa era noto e chi aveva autorità per cambiare la priorità. Quella persona deve anche mostrare come il servizio avrebbe continuato senza automazione. Quando la risposta non si trova, il controllo fallisce anche se tutti i campi obbligatori sono verdi.

Marta elimina due attestazioni mensili mai usate per prendere decisioni e sposta quelle ore sulle eccezioni. Per due mattine sospende il lavoro sulle nuove funzioni e fa ruotare la responsabilità della ricostruzione dei casi. All'inizio tre persone chiedono dove firmare. Dopo il primo errore discutono quali informazioni debbano essere disponibili prima di stabilire una priorità. Il margine diminuisce, ma il fascicolo dipende meno da una sola sviluppatrice capace di farlo apparire completo.

Alla revisione il servizio è più lento di quanto promettesse l'offerta e più controllabile che nel primo mese. Lidia mantiene il perimetro ridotto per altri sei mesi. Marta conserva il lotto, ma perde il cliente privato che non accetta il secondo rinvio. I comuni pagano il centralino assistito e rispondono dei tempi d'attesa maggiori. Il fascicolo continua ad aiutare a ricostruire le decisioni e assegnare responsabilità. Sostiene anche le prove del processo d'uscita, ma ha smesso di valere come prova autosufficiente. Nessuno ottiene la garanzia gratuita immaginata all'inizio.

Il danno che resta

In un secondo scenario, uno dei comuni prova per sei settimane un sistema che propone l'ordine degli interventi di manutenzione domestica. Il Test viene applicato per intero. Lo Scopo è ridurre le visite mancate senza modificare l'accesso al servizio; il Mandato assegna al sistema la modalità Propone e una coordinatrice conferma ogni spostamento. La Prova comprende casi chiusi e due settimane di prova in ombra. La Distribuzione considera anche residenti senza applicazione e tecnici chiamati a gestire le eccezioni. Alla domanda sul Danno, le richieste che già indicano un pericolo immediato restano fuori dal pilota e il rinvio degli altri casi è limitato. Il Ricorso passa da un numero telefonico che raggiunge la coordinatrice durante il servizio. L'Uscita conserva la coda manuale e un'esportazione leggibile. Per Prova e Distribuzione la risposta è rimasta Irrisolta — le due settimane di prova in ombra e i residenti senza applicazione — e nessuna condizione Bloccante è stata compensata da un beneficio.

Nella quarta settimana due richieste risultano ugualmente sostenibili con le informazioni disponibili. Il sistema propone di rinviare al mattino successivo il controllo di una caldaia con problemi intermittenti. La coordinatrice conferma, perché la segnalazione non indica una perdita di calore e nell'altra abitazione il riscaldamento è già fermo. Durante la notte la caldaia si arresta del tutto. La residente resta alcune ore in un'abitazione fredda prima che la squadra reperibile la trasferisca in un alloggio temporaneo. La residente ha subito un danno reale, anche se la sua entità è limitata e gli effetti immediati sono reversibili. Nessun campo è stato ignorato, nessuna spiegazione inventata e nessuna autorità esercitata oltre il mandato. La caldaia è peggiorata in un modo che né il sistema né la coordinatrice potevano conoscere con certezza al momento della scelta.

Il registro permette di ricostruire la segnalazione iniziale, la proposta, la conferma, gli orari delle chiamate e il passaggio alla reperibilità. Il comune paga l'alloggio e il trasporto, annulla il costo della visita e contatta la residente dopo il ripristino del servizio. Non le chiede di dimostrare da sola una catena già visibile.

La revisione non conclude che il Test abbia fallito né che il danno fosse accettabile. Restringe il pilota: ogni anomalia del riscaldamento riceve un triage umano nello stesso giorno, i casi dubbi non possono essere rinviati senza una seconda chiamata e l'ampliamento resta sospeso finché la nuova regola non viene provata. Il metodo ha limitato la portata della decisione, rendendo possibili riparazione e compensazione dopo il guasto imprevisto. L'incidente ha poi portato a una restrizione verificabile negli usi successivi. Il rischio residuo resta visibile, con qualcuno che risponde dei suoi costi.

Fuori dalla gara il meccanismo perde forza. Un consumatore isolato raramente negozia accordi sui registri o sull'uscita, oppure su come ripartire il danno. Dove amministrazione e vigilanza sono deboli, una scheda può essere firmata e ignorata. Il finanziamento pubblico, l'accreditamento o il credito possono legare la prova a decisioni sul denaro o sull'accesso. Quel legame regge soltanto se qualcuno accetta il costo di far seguire conseguenze al documento.

Per i tre comuni, capacità pubblica non significa costruire un modello concorrente. Significa conservare persone capaci di formulare il problema, ottenere tracce originarie, scegliere campioni, ascoltare chi lavora fuori dall'interfaccia e mantenere il servizio quando la risposta è sospendere. Lidia propone un piccolo laboratorio condiviso in cui persone con competenze diverse si alternano in un ambiente di prova usando casi anonimizzati. Ogni ente mantiene autorità sul mandato e sui rimedi. Il laboratorio riduce duplicazioni, ma non può sostituire l'ufficio che risponde alle chiamate né il personale che verifica se una correzione ha raggiunto la persona interessata.

Formati interoperabili e prove riutilizzabili riducono il lavoro duplicato, e i laboratori condivisi permettono alle organizzazioni più piccole di usare strutture che da sole non potrebbero mantenere. Il fornitore paga per la capacità che vende. Chi compra paga per il proprio contesto e la continuità, con fondi o consorzi che condividono una parte dei costi senza scaricarli sui lavoratori o sui piccoli subfornitori.

Quell'accordo richiede comunque ore protette e persone autorizzate a indagare su ciò che è andato storto. Occorre loro il potere di disporre riparazione o compensazione, restringere il servizio e fermarlo se necessario. Senza quella capacità, un'altra scheda aggiunge poco. Marta ha un cliente in meno e un margine ridotto. I comuni hanno mantenuto un servizio più lento e ora devono pagare il centralino.

PARTE IV

Rispondere del mondo

CAPITOLO 13

Il costo materiale dell'immateriale

Quando il digitale smette di sembrarci leggero

Per anni il digitale è sembrato leggero: una videoriunione evita un viaggio, un archivio condiviso riduce copie e attese, un sistema ben progettato limita gli sprechi. Il vantaggio può essere concreto, a seconda di ciò che il servizio sostituisce. Sotto l'interfaccia, sensore, trasmissione, calcolo e memoria hanno tutti un corpo. Ogni risposta sullo schermo richiede infrastrutture fisiche che qualcuno deve alimentare e mantenere. Il cloud allontana quel corpo dallo sguardo dell'utente senza cancellarlo.

Chiamo metabolismo materiale l'insieme di energia, acqua, minerali, fabbriche, logistica, manutenzione e scarti necessari durante costruzione, uso e dismissione, tenendo insieme fasi che i contratti e i bilanci spesso separano. Un beneficio può concentrarsi qui mentre le risorse vengono estratte e consumate altrove, lasciando a un'altra comunità il compito di gestire i rifiuti. Poiché il servizio può anche sostituire un'attività più onerosa, il giudizio deve confrontare il servizio digitale con l'alternativa reale. I dati ambientali hanno bisogno di unità, periodo, luogo, confine del sistema, metodo e incertezza dichiarata. Un valore per operazione non basta senza domanda totale. Una media annuale non basta senza picco locale. La decisione deve inoltre mostrare dove ricade il costo e chi riceve il beneficio.[36]

L'elettricità come linguaggio nascosto del nostro tempo

Il calcolo trasforma elettricità in memoria, trasmissione e risposta. La continuità, che può evitare un'interruzione sociale ma non è gratuita, richiede repliche e riserve, con capacità sufficiente pronta a intervenire quando serve. La fonte dell'elettricità e l'ora del consumo ne cambiano le conseguenze, così come la rete e il territorio. Un carico flessibile può spostarsi, un servizio essenziale no. Perciò un ospedale e una campagna pubblicitaria possono usare infrastrutture simili senza avere la stessa priorità né lo stesso costo dell'attesa.[37]

Nel 2050 Elena riceve la proposta di ampliare un'infrastruttura di calcolo ai margini della città. Il fascicolo promette investimenti, capacità per ricerca e servizi locali, recupero di calore e un consumo per operazione più basso. Il cruscotto riassume tutto in un indicatore favorevole. Lei riconosce il beneficio, ma chiede di vedere domanda totale, picchi stagionali, fonte dell'acqua, quota di calcolo differibile e servizi che avranno precedenza durante un'emergenza.

Alla prima seduta il gestore chiede un voto rapido perché altre città offrono già terreno e connessioni. «State facendo scappare l'investimento», dice Irene, richiamando lavoro e gettito. La responsabile ambientale mostra invece che una fonte sufficiente nella media annuale può non esserlo nei mesi in cui agricoltura, famiglie e raffreddamento raggiungono insieme il picco. Quando il gestore invoca la flessibilità dei contratti, Elena chiede quali carichi saranno interrotti e quanto preavviso riceveranno gli utenti. Vuole anche sapere chi abbia l'autorità di ordinare l'interruzione. Senza quella tabella, la parola flessibilità sposta il rischio su persone assenti dalla stanza.

A sostegno della richiesta, Elena fa riaprire un fascicolo municipale del 2040. Un centro modulare, descritto come inevitabile, aveva ottenuto procedure rapide e una condotta idrica. Due anni dopo il fornitore aveva ritirato il raffreddamento proprietario e spostato altrove la capacità; alla città erano rimasti tubi sottoutilizzati, corsi per impieghi mai creati e una garanzia insufficiente a riconvertire il sito. Il registro, sopravvissuto a funzionari e maggioranze, non dimostra che il nuovo campus fallirà. Impedisce soltanto di trattare l'urgenza commerciale come se non avesse precedenti.

Irene non accetta che il fascicolo del 2040 decida il nuovo progetto né che l'attesa resti senza costo. Porta documentazione sulle ore di formazione sospese, sui contratti senza data e sui candidati che hanno rinunciato a turni brevi contando sul corso promesso. Elena risponde con tre scenari: voto immediato e picchi incerti; sei settimane di verifica e perdita della stagione; prima fase ridotta, con meno capacità e assunzioni. Irene ottiene scadenze per la consegna e la verifica, seguite da una data fissa per il voto. Elena impedisce che il silenzio dell'amministrazione valga come assenso. Alla scadenza il consiglio dovrà decidere o motivare pubblicamente un nuovo rinvio, indicando rischio, responsabile e costo trasferito.

Il rinvio cambia il fascicolo imponendo al gestore di separare i carichi continui da quelli flessibili. Gli scenari di crescita devono inoltre mostrare che cosa accade quando energia o raffreddamento non bastano.

Il digitale aiuta anche la rete, coordinando i carichi e integrando fonti variabili, oltre a individuare perdite e anticipare guasti. Nella proposta, una parte della capacità sostiene questi usi e una parte serve clienti commerciali non essenziali. Elena accetta che le elaborazioni abbiano finalità diverse. Pretende che la priorità dichiarata sopravviva alla scarsità e che l'ottimizzazione non scarichi l'interruzione su chi non può scegliere.[38]

Durante una prova di stress simulata in un pomeriggio di luglio, la capacità disponibile si restringe e il conflitto smette di essere astratto. Sullo stesso cruscotto compaiono il modello che segnala una perdita nella rete idrica, il servizio che ordina gli accessi a un ambulatorio e una campagna commerciale che genera centinaia di varianti per inseguire pochi secondi di attenzione. Tutti e tre consumano calcolo. Soltanto i primi due proteggono una funzione che non può aspettare allo stesso modo. Elena chiede al gestore di rallentare per prima la campagna e di registrare quale servizio sia stato preservato e quanto tempo abbia guadagnato. Anche l'eventuale danno prodotto dal rallentamento della campagna deve essere registrato. Ma vieta che basti apporre l'etichetta «essenziale». Anche l'ambulatorio deve mostrare che il modello riduce davvero code o rischi e che una procedura più semplice non otterrebbe lo stesso risultato. La priorità non appartiene al settore per diritto, perché deve essere dimostrata nel servizio concreto e riconfermata quando cambiano bisogno, scala o alternativa.

L'illusione dell'efficienza infinita

L'efficienza misura quante risorse servono per ottenere un risultato, e svolgere lo stesso compito con meno energia è un miglioramento reale. Non garantisce però una riduzione complessiva, perché le persone possono richiedere più spesso un'operazione meno costosa ed estenderla a nuovi casi. I fornitori possono anche incorporarla automaticamente in ogni servizio. Il risparmio appare quando intensità e numero delle operazioni vengono letti insieme. L'abbondanza può ingannare anche un'organizzazione quando ogni scelta riceve decine di previsioni, aumentando il consumo mentre l'attenzione si frammenta. Davide lo riconosce quando il suo team produce più simulazioni di quante ne possa discutere, mostrando che la potenza di calcolo disponibile ha superato il tempo competente necessario a trasformarla in una scelta.[39]

La sobrietà, qui, è la capacità di un'organizzazione di chiedere che cosa meriti calcolo, con quale precisione, frequenza e durata, anziché una virtù privata o un invito a usare strumenti peggiori. Un'elaborazione che riduce un rischio clinico o una perdita idrica non equivale a una sequenza destinata soltanto a catturare attenzione, anche quando entrambe sono tecnicamente efficienti. La scelta non può ricadere solo sull'utente, dato che impostazioni predefinite, conservazione automatica, aggiornamenti e modelli di ricavo decidono quanta computazione avviene senza domanda esplicita. Progettare per la misura significa offrire modalità proporzionate al compito, con la possibilità di cancellare ciò che non serve più, mentre la massima intensità dovrebbe richiedere una ragione anziché essere la risposta predefinita a ogni richiesta.

Il criterio resta contestabile: beneficio concreto, alternativa meno onerosa, consumo totale, distribuzione del costo e possibilità di ridurre il sistema dopo la prova. Non produce una classifica eterna dei settori. Anche un servizio sanitario può generare calcolo inutile e un uso creativo può avere valore pubblico. Obbliga però a motivare insieme la scala e la funzione.

Il cruscotto iniziale falliva perché comprimeva tutto in un solo valore: il risparmio energetico poteva compensare un picco idrico nel mese peggiore, i posti temporanei cancellare la fragilità della rete, una media favorevole nascondere una soglia non negoziabile. Elena lo sostituisce con grandezze affiancate. Energia, acqua, occupazione, affidabilità e beneficio restano leggibili separatamente, insieme alle persone e ai luoghi esposti. L'indicatore orienta l'attenzione; non decide in anticipo quanto valga ogni perdita. Un beneficio alto non autorizza a superare una soglia idrica né a nascondere chi verrà interrotto. Quando due dimensioni confliggono, il dissenso deve tornare nella stanza e produrre una scelta riconoscibile.

La filiera nascosta: miniere, fabbriche, logistica, scarti

Prima dell'accensione, una filiera ha già estratto, raffinato, fabbricato, assemblato e trasportato. Un server incorpora risorse e lavoro provenienti da luoghi differenti. Rame, silicio, litio, cobalto o grafite acquistano significato quando la decisione specifica componente, qualità, provenienza, fase e possibilità di recupero, perché l'etichetta «minerali critici» orienta l'indagine, ma non identifica da sola dipendenza o impatto.

Lo stesso vale per il lavoro. Tracciabilità e certificazione rendono visibile un passaggio, ma non dimostrano da sole salario o sicurezza, né la misura del potere contrattuale e del controllo indipendente. Un prezzo basso può incorporare la distanza fra chi beneficia dell'oggetto e chi estrae, assembla, trasporta, ripara o tratta lo scarto. Perciò una decisione di acquisto deve collegare il componente a un fornitore, il fornitore a condizioni verificabili, quelle condizioni a un rimedio e il fine vita a un responsabile. Il dato di filiera offre all'acquirente un punto di partenza per la verifica, che resta da svolgere.

Le batterie mostrano l'intera sequenza. La loro utilità per l'accumulo comporta costi materiali che vanno dalla fabbricazione al fine vita. Un dispositivo diventa rifiuto anche per decisioni software e commerciali — supporto interrotto, batteria non sostituibile, formato chiuso, ricambio assente — che disperdono risorse e lavoro già incorporati. Giudicare le prestazioni materiali in base a durata e sicurezza, oppure a riparabilità e aggiornabilità, non è quindi nostalgia per oggetti vecchi. Il riciclo resta necessario, ma viene dopo bisogno, progettazione, manutenzione, riuso e riparazione. Una rendicontazione onesta mostra quanto materiale resta in servizio e quanto viene recuperato, ma deve anche dichiarare la qualità di ciò che si recupera, perché la sola quantità dice poco sul suo impiego futuro. Se sicurezza o prestazioni impongono la dismissione, il progetto deve dichiarare la vita utile e l'alternativa, perché lo scarto è anche l'esito di una decisione sul prodotto.[40]

Acqua e territorio attorno al data center

Nel progetto esaminato da Elena, il data center non è un capannone neutro. Entra nella rete elettrica, nel piano idrico, nell'uso del suolo, nei collegamenti di trasporto e nel mercato del lavoro. Può offrire capacità affidabile e investimenti che la città non costruirebbe da sola. Per questo la decisione non può ridursi alla superficie occupata o al prezzo dell'energia.

Il dato sull'acqua deve distinguere prelievo e consumo, oltre a fonte, stagione e qualità richiesta. Una media annuale può apparire modesta e diventare critica durante una siccità. Due sistemi di raffreddamento con uguale volume possono pesare diversamente sul territorio. Anche il calore va contestualizzato: quantità, temperatura, distanza dagli utilizzatori e mesi in cui esiste davvero una domanda.[41]

La tabella richiesta da Elena sostituisce la media con ordini di grandezza. Nel trimestre più caldo il progetto prevede volumi cumulativi fino a circa 1,2 milioni di metri cubi di prelievo e 780.000 di consumo; nel trimestre invernale, rispettivamente, circa 420.000 e 110.000 metri cubi. Il carico elettrico totale del campus, comprese le infrastrutture di supporto, è assunto pari a 180 megawatt come media annuale a regime, con un massimo orario di 260. Il cantiere promette circa 1.100 posti nella fase più intensa; l'esercizio a regime circa 120 posti stabili.

I valori della tabella sono parametri costruiti per lo scenario, scelti per illustrare esigenze stagionali contrastanti anziché ricavati da un impianto reale o offerti come previsione. Servono a mostrare quali domande diventano possibili quando ogni valore ha un'unità e una stagione dichiarata, con il confine del calcolo visibile.

Le cifre offrono alla discussione quantità e condizioni precise da esaminare, senza risolvere la decisione. Elena chiede quale quota del prelievo torni alla stessa fonte, quale consumo coincida con le settimane più secche, quali carichi producano la distanza fra media e picco e quanti posti durino abbastanza da sostenere una formazione locale. Aggiunge due scenari: rete disponibile e acqua scarsa; acqua disponibile e rete al limite. In ciascuno il progetto deve dichiarare che cosa riduce, e la stessa tabella dovrà restare pubblica dopo l'apertura per confrontare promessa e funzionamento stagione per stagione.

La mappa rivela inoltre che il confine amministrativo non coincide con quello materiale. L'acqua arriva da un bacino condiviso con comunità che non riceveranno il gettito del campus. L'elettricità attraversa nodi che servono ospedali, abitazioni e piccole imprese oltre la città. Misurare soltanto entro il perimetro comunale presenterebbe come efficienza locale un costo trasferito. Elena chiede quindi volume totale, punto di prelievo, area interessata dal picco e autorità capace di ridurre un carico.

Anche con energia a basse emissioni, la congestione resta rilevante. L'acqua recuperata va trattata e per portarla a destinazione servono condotte ed elettricità. Per ogni correzione il fascicolo deve mostrare dove diminuisce la pressione e dove ricompare. Le persone interessate da quello spostamento devono poterlo contestare. La filiera è una sequenza di decisioni proprio perché le risorse possono alleggerirsi a vicenda senza cancellarsi.

Il recupero di calore e lo spostamento dei carichi possono migliorare il progetto. Elena chiede però chi userà il calore, quali tubazioni esistono, chi paga la manutenzione e che cosa succede se la domanda promessa non si concretizza. La misura utile segue il flusso fino al beneficio, invece di fermarsi all'impianto che lo dichiara. La resilienza climatica aggiunge un altro confine. Un sistema efficiente in condizioni ordinarie può fallire sotto la pressione della temperatura o di vincoli sulla rete o sull'approvvigionamento idrico. Il piano deve indicare modalità degradata, priorità dei servizi, tempi di ripristino e responsabilità. Sommare ridondanza lascia aperta la domanda: quale funzione protegge e quale carico viene sospeso?

Elena conserva la parte migliore della proposta. Una quota della capacità può sostenere la ricerca e aiutare a prevedere i guasti, compresi quelli che causano perdite nella rete urbana. Il beneficio sarà verificato con indicatori di servizio — interruzioni evitate, acqua non dispersa, tempi di risposta — e non con il numero di sensori o elaborazioni. La quota non riceve una priorità permanente perché, durante ogni picco, dovrà identificare la funzione protetta e l'alternativa disponibile. Anche il carico commerciale rallentato per preservare quella funzione deve essere visibile. Così la decisione sul consumo resta legata al servizio, non all'etichetta del progetto.

Il patto territoriale parte da una perdita concreta. Il gestore elimina il secondo edificio dalla prima fase, riduce di circa un quarto l'investimento e rinvia l'apertura di una stagione. L'autorizzazione copre soltanto il blocco ridotto; la seconda fase resta sospesa finché un'estate reale non abbia verificato acqua, rete, carichi e occupazione.

Se una soglia stagionale viene superata, la garanzia finanzia il controllo indipendente e ogni ulteriore ampliamento resta bloccato; se per un ciclo soglie, pubblicazione e prova di riduzione sono rispettate, il consiglio decide entro quindici giorni. Irene fa registrare corsi cancellati, contratti sospesi e assunzioni effettive; Elena conserva il diritto di dire no. La città accetta meno capacità, gettito e posti in cambio di una soglia che possa ancora fermare il progetto.

Alla prima estate, il prelievo si avvicina alla soglia mentre la rete attraversa una settimana critica. Il gestore riduce i carichi commerciali differibili. Irene protesta perché il rallentamento non compariva tra i costi dichiarati. Elena pubblica la sequenza di riduzione dei carichi e indica quanto è durata la riduzione. Il registro identifica il servizio protetto da quella decisione. La clausola costa capacità proprio quando sarebbe più redditizia. Per questo dimostra di essere una condizione, non una formula ornamentale.

Il calcolo che lascia la Terra

Irene aggiunge al fascicolo l'ipotesi di spostare in orbita una quota del calcolo necessario nel 2050. Elena non la liquida come fantasia e non la accetta come rimedio: separa dimostrazioni già avvenute, annunci e scenario della città, rinviando alla nota tecnica per prove e limiti. L'orbita può liberare suolo o acqua, oppure capacità di rete, ma trasferisce il conto in lancio, massa, calore irradiato, manutenzione, comunicazioni e fine vita. Irene ottiene che l'alternativa venga calcolata. Elena che nessuno spostamento geografico sia chiamato soluzione prima del confronto sull'intero ciclo di vita.[42]

Chi guadagna dall'ottimizzazione, chi paga il metabolismo

Benefici e costi raramente abitano lo stesso luogo. Utenti lontani ricevono risposte più rapide, mentre le imprese ricavano entrate dal fornirle. Le istituzioni acquistano capacità. In comunità specifiche si estrae e si produce, si collocano linee e impianti o finiscono i rifiuti. La disuguaglianza opera anche nelle società ricche, dove chi dispone di capitale acquista reti stabili e dispositivi durevoli, mentre altri ricevono servizi obbligatori su infrastrutture fragili e non possono sostenere aggiornamenti continui. Un miglioramento complessivo reale resta ingiusto se chi paga non partecipa alla decisione.

Una transizione giusta collega riduzione dell'impatto e distribuzione delle capacità. Chi sostiene un costo territoriale ha bisogno di informazioni su quel costo e di protezione dai suoi effetti, e dovrebbe anche poter accedere alle opportunità create dal progetto. Chi perde un ruolo non riceve automaticamente quello nuovo. Le comunità conoscono le proprie reti e acque, oltre ai bisogni locali, senza essere soggetti uniformi. Prezzi e contratti allocano energia e calcolo, ma non possono decidere da soli quale domanda meriti precedenza quando la rete è sotto pressione, perché i criteri devono restare pubblici e contestabili.

Un quartiere può sopportare traffico e affitti più alti mentre i contratti specializzati vanno altrove. Un comune a monte può limitare l'acqua senza avere un seggio nel consiglio che autorizza il campus. Al contrario, formazione finanziata e appalti accessibili possono lasciare capacità che sopravvive all'investitore, così come infrastrutture riutilizzabili.

Il patto identifica quindi chi sostiene ciascun costo, quale beneficio gli è destinato, quando sarà verificato e che cosa accade se non arriva. Un contributo non compra il diritto di superare una soglia idrica e una consultazione non sostituisce il potere di correggere. Le persone esposte devono ricevere i dati in tempo per contestare il confine usato per misurare l'impatto. Le loro obiezioni devono poter influire sulla fase successiva.

Imprese e istituzioni: scegliere prima di ottimizzare

Per un'impresa o un'istituzione, il primo passo è una mappa: quali funzioni usano calcolo, quali dati vengono conservati, quali dispositivi vengono sostituiti e quale beneficio cambia una decisione. Non serve attendere una contabilità perfetta, ma occorre una base ripetibile. Un compito delimitato può essere svolto da un sistema specializzato o dal calcolo locale. Può bastare anche una regola trasparente e, sebbene il modello più piccolo non sia migliore per definizione, deve poter competere quando raggiunge il risultato necessario. Negli acquisti, il totale già definito deve restare visibile anche quando l'intensità per operazione migliora. Durata, riparabilità, standard aperti, modalità degradata, manutenzione e ritiro a fine vita entrano nel contratto. Spostare altrove fabbricazione o scarti non chiude il conto.

L'alfabetizzazione digitale e quella materiale vanno insieme nelle scuole e nelle università: che cosa fa un sistema, da quali risorse dipende, chi lo mantiene e quali alternative esistono. Non occorre che ogni cittadino calcoli un'impronta. Occorre saper riconoscere una misura senza confini e una promessa priva di verifica. La trasparenza utile espone finalità, risorse, durata, filiera, correzione e incertezza, così che il dato possa ancora modificare l'acquisto.

I dati devono arrivare quando una decisione è ancora aperta e dovrebbero aiutare l'acquirente a ridurre un carico o cambiare progetto, negoziare una soglia, mantenere un beneficio o interrompere una funzione. Prima della firma, all'acquirente servono un responsabile e una soglia con una conseguenza dichiarata. Durante l'uso, riesami regolari confrontano il funzionamento con l'accordo. Alla fine, la responsabilità si estende alla manutenzione o al riuso dove possibile, e alla dismissione quando necessaria. Una rendicontazione che arriva soltanto dopo l'acquisto documenta il metabolismo, ma perde l'occasione di cambiare la scala iniziale. La responsabilità continua finché materiali e contratti, e infine gli scarti, restano in circolazione.

Una nuova idea di progresso

Il progresso non coincide con più capacità. Nella città di Karim, reti e mobilità valgono per la riduzione del rumore, oltre che delle attese e delle perdite, non per il numero di dispositivi. Ogni sensore o previsione richiede un beneficio riconoscibile. La durata protegge servizi e investimenti dall'obsolescenza commerciale di una tecnologia che materialmente funziona ancora, così come fanno compatibilità e uscita.

Propongo una gerarchia del calcolo che resti aperta alla contestazione. Meritano priorità gli usi che proteggono la vita o i servizi essenziali, così come quelli che sostengono conoscenza, accessibilità e resilienza. Gli usi ordinari dovrebbero fornire prove proporzionate alle risorse richieste. Le attività che consumano risorse soprattutto per estrarre attenzione o moltiplicare rumore dovrebbero sostenere un onere di giustificazione più alto.

La intendo come un modo per esaminare un uso concreto, non come una legge o una classifica permanente dei settori.

I criteri pubblici e organizzativi sono beneficio concreto, alternativa, domanda totale, soggetti esposti, durata e reversibilità: tutti devono entrare nelle autorizzazioni e negli acquisti, così che nuove evidenze possano modificare la scala del progetto. La verifica avviene due volte. Prima: quale problema risolviamo e con quale confine? Dopo: il beneficio si è manifestato, il carico è rimasto proporzionato, qualcuno ha sostenuto un costo inatteso e il sistema può essere ridotto o spento?

Due inverni dopo, la conseguenza arriva da un'altra direzione. Un consorzio di ricerca assegna a una città vicina il nuovo centro di simulazione che avrebbe usato la seconda fase del campus. Nel verbale cita tempi più prevedibili; non dice che le soglie di Elena fossero inutili. Il gestore riduce il programma locale e alcuni corsi non riaprono. Non è il crollo annunciato durante la prima seduta, ma è una perdita riconoscibile, con persone e bilanci che avrebbero preferito un esito diverso.

Irene porta la lettera in consiglio senza chiedere di cancellare il patto. Ricorda al consiglio che poter fermare un ampliamento significa anche accettare che l'investimento scelga un altro luogo. Elena mostra i dati delle estati trascorse: carichi ridotti durante due picchi e correzione di una stima idrica troppo ottimista. Le evidenze restano insieme. Una parte non cancella l'altra.

Il comune finanzia parte dei corsi con entrate inferiori alle promesse e pubblica il costo del progetto mancato accanto ai servizi protetti. Irene approva i conti e vota contro Elena sul bilancio successivo. «La clausola ha funzionato», dice. «Anche la perdita.»

Nessuno ne fa un'assoluzione: la città conserva il diritto di correggere e l'obbligo di ricordare la rinuncia.

I conti si estendono oltre il campus, alla filiera che lo mantiene in funzione. I produttori di componenti modificano i requisiti, i gestori di rete mantengono i collegamenti e le istituzioni devono sapere quale alternativa esista quando un servizio si interrompe. Queste dipendenze influiscono su quali carichi si possano ridurre e su chi debba continuare a lavorare. Devono comparire nello stesso registro dei posti di lavoro mai creati e dei servizi protetti durante due estati. Il dissenso di Irene resta accanto alla decisione di Elena nei conti approvati.

CAPITOLO 14

Il mondo che si divide per potersi connettere

La geopolitica entra in cucina

La geopolitica entra nella vita quotidiana quando cambia una licenza, non arriva un componente o un servizio essenziale dipende da infrastrutture controllate altrove. Nel caso immaginato per il 2050, quantità, tempi, costi e capacità sono parametri di scenario, non valori di mercato osservati. L'utilità della connessione porta così relazioni industriali e giuridiche lontane dentro la giornata ordinaria.

Davide lo scopre all'inizio della giornata. Un aggiornamento del fornitore cloud non è disponibile nella regione da cui opera uno dei suoi partner e l'agente che coordina le consegne passa in modalità ridotta. Ordini e pagamenti continuano, ma le date devono essere ricostruite a mano. Il partner è Asha Said, responsabile operativa a Mombasa della società che organizza le consegne fra il porto e i magazzini dell'interno, compresi ritiri e trasferimenti. Non gestisce il cloud di Davide. Gestisce ciò che accade quando una data digitale deve diventare una consegna. Occorre assegnare un autista e informare il cliente prima che qualcuno firmi per il carico. Quando l'agente perde le funzioni regionali, Asha deve poter promettere un'ora di cui è pronta a rispondere. Proteggere la reputazione del sistema non farà arrivare un mezzo dal cliente.

Davide apre la chiamata parlando di diciassette ordini rallentati e del margine che deve assorbirne il costo. Asha vede un'altra unità di misura. Riceve modifiche e restituisce prove di consegna attraverso lo stesso canale con cui conferma i ritiri, ma quel canale non produce più uno stato affidabile. I suoi operatori possono leggere gli ordini già entrati nel sistema, ma non sanno se una modifica successiva sia arrivata. Due autisti hanno ricevuto istruzioni diverse e tre clienti attendono una finestra che nessuno è autorizzato a confermare. Per Davide il guasto è una voce di costo. Per Asha occupa l'intera relazione con quei clienti.

«Possiamo continuare in modalità ridotta», dice Davide. «È la procedura di resilienza.» Asha gli chiede che cosa continui esattamente. «Tu ricevi l'ordine e puoi dire che il servizio è aperto. Io devo decidere se mandare un mezzo sapendo che l'indirizzo potrebbe essere cambiato. Se chiami resilienza il fatto che il tuo lato resta acceso, la parola nasconde il punto in cui il rischio passa a noi.» Gli chiede chi risponderà di un ritiro sbagliato e chi pagherà le ore ferme.

Il foglio manuale che Davide propone contiene destinatario, quantità e ultimo orario noto. Asha rifiuta di usarlo come copia dell'agente perché mancano l'identificativo della versione e il nome di chi ha approvato una modifica. Nel foglio un ordine annullato resta indistinguibile da uno soltanto in ritardo. Accetta invece un perimetro più stretto. La sua squadra chiama i clienti già assegnati e congela le modifiche non confermate. Ogni passaggio riceve un'ora e un nome, con il canale registrato per rendere il messaggio recuperabile in seguito. Il lavoro rallenta. Almeno il rallentamento non produce due storie incompatibili dello stesso carico.

Davide indica il fornitore alternativo certificato nel proprio fascicolo. Crede che basti spostare l'agente. Asha verifica il contratto: quel servizio non è un'alternativa disponibile per la sede da cui opera il partner e la certificazione copre l'ambiente di Davide, non identità, terminali e procedure locali. L'attivazione richiederebbe una nuova verifica e settimane che il guasto non concede. L'alternativa esiste nella tabella del cliente principale e resta inutilizzabile nel punto in cui dovrebbe sostituire il canale.

Poi Asha apre l'addendum che la sua società ha firmato. La clausola di giurisdizione rinvia al contratto principale e a un foro scelto dal fornitore. È arrivata insieme alle credenziali come condizione per entrare nella rete. Davide aveva negoziato canone, livelli di servizio e credito, mentre al partner era stato chiesto soltanto di aderire. Se la controversia diventa formale, Asha sostiene subito il costo in turni e clienti e può contestare la ripartizione del danno soltanto lontano dal luogo in cui si manifesta. La firma è valida nello scenario. Il potere con cui è stata ottenuta non è distribuito allo stesso modo.

Asha decide di sospendere nuove prese in carico sul canale finché ogni ordine aperto non abbia una versione verificabile. Perde commissioni e sa che un concorrente può assorbire una parte dei ritiri. Conserva però i mezzi per le consegne già confermate e impedisce che gli autisti anticipino il costo di istruzioni contraddittorie. Invia a Davide una lista breve: accesso quotidiano a un registro locale esportabile; autorità esplicita per attivare la procedura manuale; avviso diretto quando una funzione regionale cambia; credito condiviso se l'indisponibilità cade soltanto sul partner.

Davide prova a mantenere il credito nel contratto principale. Asha non accetta. «Il rimborso arriva a te, mentre le ore ferme stanno qui. Se vuoi che riapra il canale, una quota segue il danno e il registro deve essere leggibile anche senza il tuo agente.» Davide obietta che il fornitore non riconosce un'interruzione perché ordini e pagamenti funzionano ancora. Asha gli rimanda la cronologia delle modifiche non confermate e gli chiede di scegliere quale cliente debba ricevere per primo una data che nessuno può provare.

La scelta cambia la trattativa. Davide comunica ai clienti che le nuove richieste saranno accettate soltanto dopo il controllo manuale e rinuncia al margine su due consegne urgenti. Il fornitore consente un'esportazione temporanea del registro, senza riconoscere responsabilità. Asha riapre il canale per gli ordini con versione confermata e mantiene sospesi gli altri. Non ottiene il servizio alternativo durante il guasto, ma ottiene che la continuità venga misurata nel punto della consegna e che la sua decisione di fermare un ordine sia registrata come controllo, non come inadempienza.

Quando l'agente torna pienamente operativo, Davide propone di chiudere l'incidente. Asha lega la chiusura a una prova in cui un ordine viene modificato, esportato, passato alla procedura locale e riconciliato nel sistema principale. La prova mostra un ritardo di quaranta minuti fra l'aggiornamento centrale e il registro disponibile al partner. Fissano quindi un limite al ritardo e una notifica automatica quando viene superato. In quel caso deve rispondere un contatto raggiungibile. Davide accetta anche che il credito destinato al partner non dipenda dal recupero ottenuto dal fornitore principale.

Nel resoconto Asha gli fa cancellare la formula «vincolo regionale». «Scrivi che il fornitore alternativo non era disponibile per la nostra sede, che quella clausola non l'abbiamo negoziata e che ho sospeso i ritiri. Il resto è geografia usata al posto dei soggetti coinvolti.»

Non pretende di parlare per tutta Mombasa, tanto meno per un Sud uniforme. Parla per la società che dirige durante il guasto e per il contratto che vuole poter rifiutare o correggere. Nel fascicolo il nome, la funzione, l'interesse e la conseguenza vengono prima dell'etichetta.

Nei quattordici mesi successivi il canale perde tre volte alcune funzioni locali: una patch arriva tardi, una chiave non è valida e un registro arriva in ritardo. Asha unisce i dati di cinque gestori e rende visibili ore ferme, compensi persi, carburante e consegne saltate. In una seduta pubblica, il cliente maggiore chiede priorità per i propri volumi. I gestori minori mostrano che l'attesa ricade sempre su di loro. L'ufficio sposta fondi da un piano digitale mai avviato a un registro comune in cui gli slot seguiranno danno, attesa e assenza di vie alternative, non soltanto il volume. «Il costo non è sparito», dice Asha. «Ora non lo lasciamo più dove cade.»

Al rinnovo Asha usa quel fascicolo per ottenere un addendum firmato dal fornitore, dall'impresa di Davide e dalla società di Asha: avviso diretto sulle modifiche regionali, copia quotidiana del registro, autorità di sospendere ordini incerti e credito a chi paga mezzi e turni. Davide rinuncia a parte dello sconto. Cambiare quelle condizioni attraverso il contratto principale richiede ora il consenso della società di Asha. Quando una nuova patch ritarda le modifiche, l'avviso arriva prima che istruzioni divergenti escano dal deposito: Asha congela gli ordini toccati, fa proseguire quelli verificabili e usa il credito per pagare il turno. Un cliente sceglie comunque un concorrente. Il guasto si verifica ancora e la commessa persa resta persa. La clausola cambia la distribuzione di costi e autorità quando accade.

La manutenzione decide chi conserva voce

Diciotto mesi dopo, nello stesso scenario, il registro comune è operativo. Il guasto spettacolare è finito; resta il lavoro ordinario che decide se la correzione durerà. I grandi clienti inviano modifiche direttamente dai propri sistemi e risparmiano attese. Tre ditte minori continuano a telefonare perché i loro terminali non reggono l'ultimo aggiornamento. Ogni chiamata viene trascritta da qualcuno. La continuità conquistata da una parte della rete diventa manutenzione per un'altra, e il cruscotto che mostra meno ritardi non mostra ancora chi passa la sera a riconciliare gli ordini.

Il fornitore principale offre di eliminare quella fatica senza aumentare il canone. Porterà il registro nella propria piattaforma, integrandovi anche priorità e notifiche. In cambio, la regola con cui gli slot vengono assegnati resterà nel servizio e i dati operativi completi torneranno al centro. Una cooperativa di tecnici di Mombasa propone un modulo più piccolo, con formazione locale e un'esportazione ogni giorno. Costa di più nel primo anno, non ottimizza automaticamente i percorsi e richiede due persone reperibili.

Entrambe le scelte offrono vantaggi ad alcuni soggetti chiedendo ad altri di sostenere il lavoro. Il comitato deve soppesare i risparmi a breve termine rispetto alla capacità che vuole conservare in futuro, senza considerare l'origine locale una garanzia di virtù.

Asha non decide da sola. Nel comitato siedono gestori, autisti, piccoli trasportatori e due clienti. Il cliente maggiore chiede l'integrazione gratuita e offre volumi in cambio di una corsia prioritaria. Una ditta con quattro mezzi preferisce il modulo locale, ma non può pagare settimane di doppia registrazione. Gli autisti chiedono che il tempo di attesa non venga conteggiato a loro sfavore nella valutazione delle prestazioni quando il registro è incoerente. La discussione non produce un interesse territoriale unico. Rende visibile chi compra velocità e chi deve anticipare il costo. Mostra anche chi perderà voce se la regola torna proprietaria.

Il comitato sceglie sei mesi di prova con il modulo locale e un perimetro ridotto: versione dell'ordine, autorità della modifica, tempo di attesa, motivo della priorità ed esportazione. Rinuncia per ora all'ottimizzazione dei percorsi e paga turni di affiancamento. Asha ottiene che ogni nuova funzione indichi anche chi la manterrà; la ditta più piccola ottiene un canale vocale che produce la stessa traccia degli accessi digitali. Il prezzo è concreto. Per due settimane le conferme rallentano e un cliente sposta altrove parte dei ritiri. L'autonomia non arriva come un risparmio: comincia con tempo sottratto a un servizio che già funzionava abbastanza bene per chi aveva più strumenti.

La prima prova reale arriva durante una congestione al porto. Il cliente maggiore invoca la corsia promessa fuori dal registro. Le ditte con un solo mezzo hanno già perso un giro. La regola pubblicata assegna lo slot a chi attende da più tempo, subisce il danno maggiore e non possiede una via alternativa.

Asha applica quei criteri e nega la precedenza al cliente che garantisce più volume. Perde la commessa urgente e riceve una contestazione formale. Il sistema non la protegge dalla conseguenza, anche se conserva l'ordine della coda con il motivo della decisione. Il registro indica il nome del responsabile del riesame. La voce acquistata dal territorio vale perché cambia un esito anche quando costa ricavi.

Una settimana dopo gli autisti contestano un altro dato. Il registro considera attesa solo il tempo successivo alla conferma, mentre loro sostengono il costo già durante le chiamate necessarie a ottenerla. La cooperativa modifica il calcolo e ricalcola le priorità aperte, pubblicando la ragione. Prima gli autisti erano la fonte silenziosa di un ritardo. Ora la loro contestazione corregge la misura che distribuisce il lavoro. Anche questa capacità ha un prezzo, perché le riunioni entrano nei turni pagati e il fondo comune copre la manutenzione, invece di trattare partecipazione e assistenza come tempo gratuito.

Dopo un anno le ore senza versione confermata sono diminuite, ma non ogni soggetto ha guadagnato. Una piccola ditta lascia le consegne in giornata perché il doppio canale resta troppo oneroso. Il grande cliente conserva più alternative degli altri. Nel bilancio compaiono finalmente i costi della formazione e dell'assistenza. I terminali figurano accanto a quelle spese e ai ritardi evitati. Asha può esportare regole e cronologia, cambiare chi mantiene il modulo e rifiutare una priorità senza perdere le prove. La dipendenza resta, ma la manutenzione non appartiene più interamente a chi aveva imposto il primo contratto. L'organizzazione di Asha conserva la cronologia e un diritto concreto di contestare il funzionamento dell'accordo.

L'infrastruttura dietro il contratto

Dal banco di Asha la filiera raggiunge i servizi cloud da cui dipendono le operazioni locali. Una mappa utile va oltre le quote di mercato, collegando ogni nodo alla funzione che può interrompere, al soggetto che lo controlla, ai sostituti già qualificati e al tempo necessario per attivarli. Due fornitori non creano resilienza se dipendono dallo stesso punto o se l'alternativa non è stata provata dove deve lavorare.

I semiconduttori rendono visibile questa interdipendenza, ma «chip» raccoglie classi molto diverse. Un componente maturo per un dispositivo industriale non condivide necessariamente i fornitori con un acceleratore avanzato. Anche la qualificazione dei sostituti può richiedere tempi diversi, con conseguenze strategiche differenti. Ciascuno nasce da un ecosistema di progettazione, macchinari, materiali, fabbricazione, incapsulamento, test, energia, acqua e competenze.[43]

La politica industriale deve quindi distinguere volume e criticità: dove diversificare, mantenere scorte, certificare un sostituto, riprogettare o accettare consapevolmente dipendenza. Produrre tutto ovunque sarebbe spesso impossibile. Ignorare un collo di bottiglia può arrestare una funzione essenziale.

La stessa disciplina vale per cavi, stazioni costiere, punti di interscambio, torri e satelliti. Il volume globale non descrive la vulnerabilità del porto di Asha: contano rotta, approdo condiviso, capacità residua, terminali, tempo di rilevazione e persone autorizzate a riparare. I satelliti possono aggiungere continuità introducendo dipendenze da operatori e infrastrutture a terra; «spazio» non specifica il servizio o la sua orbita, né l'alternativa terrestre. Uno standard può rendere possibili interoperabilità, sicurezza e scala. Distribuisce anche potere attraverso i brevetti e le architetture che favorisce e i costi della compatibilità. Conservare voce richiede di partecipare alla definizione dello standard e di sostenere implementazioni praticabili. Una regola deve inoltre restare contestabile prima di diventare l'unica porta d'ingresso.[16]

Il cloud, dal contratto alla prova

Il capitolo 3 ha già mostrato la natura composita dei servizi cloud e delle API, oltre che della modalità degradata, senza trattarli come oggetti astratti. In questa filiera, la dipendenza diventa geopolitica quando una controversia rende indisponibile una funzione che l'organizzazione non sa gestire altrove. Un fornitore internazionale può offrire sicurezza ed elasticità superiori; la concentrazione non prova abuso e la collocazione nazionale non garantisce affidabilità.[44]

Prima del rinnovo successivo Davide prova una migrazione limitata: un magazzino, una linea di ordini e un cliente disposto a ricevere aggiornamenti manuali per due giorni. Il test deve completare un ordine, produrre un report e tornare al servizio principale entro il limite dichiarato. Asha aggiunge il criterio nuovo: la prova deve raggiungere il punto in cui una modifica diventa un mezzo assegnato; un'uscita funzionante soltanto nella sede di Davide non è un'alternativa per la filiera.

L'esportazione non contiene tutto ciò che serve: identità, ruoli ed eccezioni restano nel servizio; tre automazioni chiamano code proprietarie e formule e filtri non seguono i file. Davide fissa una soglia: se entro il pomeriggio non esce un'etichetta valida, il team torna indietro e registra il punto dell'arresto. Il fornitore osserva senza correggere la configurazione durante il test.

Nei parametri dello scenario, quattro persone lavorano per nove giorni — trentasei giornate-persona complessive — con circa diciottomila euro di consulenza. Una consegna parte con trentasei ore di ritardo. Riallineare ordini e identità e riportare i registri in accordo richiede undici ore invece delle tre scritte nel fascicolo. Restare senza modifiche risparmierebbe circa trentaduemila euro nel primo anno; uscire richiederebbe fra sei e otto settimane e un costo stimato fra centodiecimila e centocinquantamila euro, oltre alla possibile perdita di un cliente. Questi valori distinguono il canone dal costo della prova senza prevedere il mercato del 2050. Mostrano anche il prezzo futuro dell'uscita, che nessuno dei due importi coglie da solo.

Il cliente danneggiato riceve credito e cronologia del ripristino. Il team conserva una modalità degradata concreta — ordini essenziali numerati, quantità confermate a mano, aggiornamenti ogni quattro ore e una sola persona autorizzata a riconciliare i registri — e il rinnovo impone una prova annuale su identità, configurazioni, automazioni e registri. L'anno seguente un'automazione cambia senza che venga aggiornato il pacchetto d'uscita e la procedura manuale evita due versioni della consegna. Il fornitore corregge l'esportazione e poi contesta il credito. Davide mantiene la richiesta. Asha esige che il verbale distingua il ripristino centrale dalla capacità del partner di assegnare un mezzo. La prova ricorrente costa tempo, ma impedisce che la fotografia dell'anno precedente venga scambiata per capacità presente.

Gli approcci di Stati Uniti, Cina ed Europa

Stati Uniti, Cina ed Europa restano punti di partenza, non personaggi unitari del 2050. La configurazione statunitense combina ricerca e capitale con capacità pubbliche e grandi piattaforme; può accelerare la scala e concentrare infrastrutture private. Quella cinese coordina pianificazione e manifattura verso obiettivi industriali. Può offrire continuità, legando tecnologia e dati al controllo politico in forme valutate diversamente dai partner. Le configurazioni europee usano spesso diritto, concorrenza e accesso al mercato; la loro influenza si indebolisce se ricerca e infrastrutture cloud non sostengono regole e acquisti, con industria e sicurezza altrettanto necessarie. Sono tendenze condizionate, attraversate da conflitti interni, non traiettorie automatiche.

La mappa non finisce con la triade. Mercati, poli manifatturieri, paesi ricchi di energia o materiali, centri finanziari, potenze regionali e coalizioni tecniche controllano nodi differenti. Un attore periferico nel calcolo avanzato può essere centrale nella logistica, nell'incapsulamento o in uno standard. Gli stessi soggetti possono cooperare sui cavi, competere sui chip e divergere sui dati; perciò gli scenari del 2050 servono a confrontare costi e margini di scelta, non a compilare una classifica.

Nel deposito di Asha, la multipolarità diventa tangibile nei due terminali sul banco. Uno riceve gli ordini internazionali; l'altro apre il registro locale. Al cambio di turno un operatore ricopia un codice, attende la conferma e stringe la chiave del mezzo. Qui la configurazione geopolitica conta perché decide se il mezzo possa partire e chi assorba l'attesa. Decide anche quale regola l'operatore possa contestare.

Le condizioni di partecipazione del Sud del mondo

«Sud globale» è una scorciatoia imperfetta per società diverse, che non vanno ridotte a funzioni economiche o a una condizione di vittima collettiva. Africa, America Latina, Asia meridionale e Sud-Est asiatico sono categorie altrettanto ampie, al cui interno un territorio può essere decisivo per materiali, energia, produzione, logistica, competenze o innovazione istituzionale. Ogni affermazione deve collocare il progetto concreto nel suo paese e nella sua filiera.

La domanda utile è chi partecipi a determinare condizioni, standard e valore e quale capacità ciascuno conservi alla fine del contratto.

Inclusione e subordinazione convivono. Pagamenti e identità digitale, come telemedicina e istruzione, possono colmare vuoti reali nonostante la dipendenza da soggetti esterni per archivi e fiscalità, oltre che per manutenzione e standard; il beneficio resta però incompleto se l'organizzazione destinataria non sviluppa anche la capacità di governare il servizio e sostituirlo.

A sera, quando cade la connessione, la procedura vocale lascia la stessa traccia di quella digitale. L'autista non deve scegliere fra partire senza prova e rinunciare al giro. La capacità conservata alla fine del contratto vive nel corpo di chi può continuare senza inventare ciò che il sistema non mostra.

Ciò che resta mostra la qualità di un accordo: dalle competenze locali e dall'interoperabilità allo spazio per le imprese del paese e alle entrate sostenibili, conservando audit e manutenzione e mantenendo voce negli standard. Un pacchetto chiuso può essere rapido e conveniente, ma diventare un vincolo se la progettazione resta fuori dal controllo locale e ogni aggiornamento porta decisioni prese altrove. Anche gli attori più ricchi hanno interesse a partner capaci di mantenere le proprie infrastrutture e di innovare al loro interno, con sufficiente autorità per contestarne le condizioni, perché il margine di scelta lasciato agli altri è questione di giustizia e condizione della resilienza comune.

L'intelligenza artificiale come infrastruttura strategica

Se sistemi di IA di uso generale entreranno in ricerca e industria, oltre che nell'amministrazione e nella difesa, potranno diventare infrastruttura strategica perché moltiplicano capacità già presenti. Modelli, calcolo, talenti, dati, energia e istituzioni producono insieme il risultato. Possedere un modello non equivale a esercitare potere.

Anche qui le misure richiedono confini, perché parametri e operazioni, anche considerati insieme agli investimenti, non dicono chi abbia accesso, con quale affidabilità, costo energetico, competenza e concentrazione del cloud. Ogni confronto deve dichiarare periodo, sistema, soggetti serviti e risultato osservato.

Primo scenario, interdipendenza gestita: attori rivali mantengono commercio e ricerca, diversificano i nodi critici e stipulano accordi minimi su infrastrutture civili e sicurezza. Il beneficio è conservare la scala con minori punti singoli di ricatto; il costo è duplicazione e negoziato lento. Funziona solo se verifica e risposta alle violazioni sono credibili.

Secondo scenario, regionalizzazione competitiva: ecosistemi diversi costruiscono cloud e standard parzialmente incompatibili, così come le loro filiere. Aumentano controllo locale e capacità industriale, ma paesi e imprese costretti a operare in più spazi affrontano prezzi e barriere crescenti, oltre a maggiori difficoltà. La sicurezza ottenuta in un blocco può creare nuova fragilità al confine fra blocchi.

Terzo scenario, coalizioni a geometria variabile: nessun blocco domina e gli accordi cambiano per chip, energia, cavi, dati o modelli. Potenze regionali e paesi che controllano singoli nodi acquistano margine negoziale; le alternative aumentano, ma regole e continuità diventano più instabili. Uso questi tre scenari, che non sono previsioni reciprocamente esclusive, per esaminare le scelte; il 2050 potrebbe combinarli diversamente a seconda dei settori e dei momenti.

Cyberpotere, sabotaggio e guerra sotto la soglia

La pressione strategica produce danni senza una dichiarazione di guerra: sabotaggio, estorsione, furto, registri manipolati o servizi civili interrotti. Gli autori possono essere Stati o criminali, comprese forme ibride dei due. Un catalogo serve poco se non conduce alla funzione da proteggere. Per una società connessa, sicurezza nazionale significa anche continuità di ospedali, energia, pagamenti, logistica e comunicazioni attraverso rilevazione, isolamento, modalità manuali, ripristino e informazione pubblica. L'attribuzione resta lenta e contestata. Trattare ogni incidente come prova immediata dell'azione di un avversario può alimentare escalation; aspettare certezza perfetta può lasciare il danno senza risposta. Le risposte devono quindi procedere con gradi di evidenza espliciti, dal contenimento tecnico alle decisioni politiche. Intanto i cittadini pagano due rischi: l'interruzione e i poteri introdotti per contrastarla. L'urgenza rende più difficile difendere i confini stabiliti nel capitolo 12. I dati raccolti per protezione richiedono comunque una giustificazione prima del riuso, e la profilazione richiede un mandato proprio.[45]

Poteri eccezionali dovrebbero avere scopo, soglia di attivazione, durata, registrazione, supervisione e cessazione verificabile. Propongo questa disciplina senza sostenere che tali garanzie siano già uniformi. Il conflitto internazionale resta fuori dalla portata di Davide, che può però conservare un registro offline essenziale con una procedura di contatto e ruoli chiari. Quando l'agente passa in modalità ridotta, il team continua più lentamente senza inventare consegne. La resilienza civile è anche questa competenza modesta, distribuita prima della crisi.

Cooperare oltre i confini

Un'autorità globale unica e uniforme è poco plausibile; l'assenza di regole comuni sarebbe comunque costosa. Infrastrutture e filiere attraversano confini e propagano incidenti e incompatibilità. Accordi settoriali, che non avranno gli stessi partecipanti né la stessa forza giuridica, possono proteggere servizi civili e mantenere comunicazioni durante le crisi, definendo prove di sicurezza o interoperabilità, oppure limiti d'uso. Il loro valore dipende da quanto bene affrontano un rischio delimitato. Qualcuno deve verificarne il rispetto, con una conseguenza concordata quando si verifica una violazione. Nello scenario multipolare, rivali su una filiera cooperano su un cavo, partner militari adottano standard commerciali diversi e organismi tecnici mantengono canali aperti quando i governi divergono. Capacità tecnica, investimenti e acquisti rendono effettivi diritto e accesso al mercato. I paesi meno potenti acquistano voce quando coordinano le rotte e mettono insieme risorse e competenze. La cooperazione si misura dalla sopravvivenza dei servizi civili e delle comunicazioni a un conflitto. Le persone devono anche conservare la capacità di contestare ciò che viene fatto in suo nome.[45]

L'autonomia nell'interdipendenza

Qui «sovranità tecnologica» indica la capacità relativa di comprendere, negoziare, sostituire e continuare dentro l'interdipendenza, non un'autarchia immaginaria. Cresce quando una dipendenza non annulla la scelta di un paese, una città o un'impresa.

La formula diventa verificabile mappando nodi critici, mantenendo le competenze necessarie per negoziare e continuare in modalità degradata e provando le alternative dove devono lavorare. Davide sceglie un contratto meno conveniente, con le dipendenze documentate. Fissa una nuova prova di migrazione. Il fornitore principale resta. Margine, formazione e complessità comprano tempo e potere negoziale, non indipendenza.

Alla chiusura, Asha apre il prospetto dei turni. Davide ha fermato una linea, pagato consulenti e perso un cliente; a Mombasa, cambiare richiederebbe personale formato e clienti pronti al passaggio, oltre a terminali e connessione. «Se soltanto tu puoi permetterti la prova, abbiamo descritto il tuo privilegio, non costruito un'uscita.» Davide registra costi, competenze e partner incapaci di migrare da soli.[46]

Quando il servizio torna, Asha ha le informazioni necessarie per assegnare un mezzo e dare al cliente un'ora sostenuta da un ordine confermato. Il prospetto dei turni mostra ancora i costi sostenuti per arrivarci. La sua società ha ora l'autorità di rifiutare un ritiro incerto e correggere il registro, ma un partner che non può permettersi la migrazione ha ancora bisogno di una risposta. Davide lascia quei partner e i loro costi nel fascicolo per il rinnovo successivo.

CAPITOLO 15

I morti che non se ne vanno

È passato poco più di un anno dalla morte di suo marito. Una sera, mentre riordina il telefono, Teresa vede una proposta di un servizio che può ricostruirlo dai messaggi, dalle note vocali e dai video di famiglia. Promette la sua voce, il suo modo di scrivere, perfino il ritmo con cui chiudeva le frasi. Basta un tocco. Teresa resta immobile, il dito sospeso. Vorrebbe sentirlo ancora, più di qualunque altra cosa. Proprio per questo non sa se quel gesto sarebbe conforto o sostituzione.

Fotografie e registrazioni conservano tracce di ciò che è accaduto. Una simulazione usa quelle tracce per produrre risposte nuove in prima persona. Fra un file autentico, un profilo trasformato in memoriale, un modello capace di rispondere e un'impersonazione usata da terzi cambiano accesso, modifica, durata, cancellazione e responsabilità. Chiamare tutto «eredità digitale» nasconde queste differenze. Per Teresa, la domanda è chi sia autorizzato a trasformare quei materiali in una presenza operativa e sulla base di quale mandato. L'accuratezza della ricostruzione non risponde alla domanda.

Il lutto quando nulla scompare

Il lutto può includere un lento adattamento all'assenza, ma non segue un percorso unico. Per qualcuno riascoltare una voce è un rito; per altri riapre una ferita. La disponibilità permanente cambia comunque il contesto della scelta: il richiamo arriva dal ricordo e dai suggerimenti progettati da un servizio, le cui notifiche e i cui rinnovi contribuiscono a orientare la scelta. Il beneficio va preso sul serio. Una registrazione può sostenere una commemorazione, aiutare una famiglia a ricostruire una storia, offrire conforto in un periodo delimitato. Una persona può desiderare consapevolmente una simulazione. Ma gli effetti dipendono dalla persona, dal tempo trascorso, dall'uso e dalla possibilità di interrompere. Abbiamo motivo per impedire che un'interfaccia trasformi la vulnerabilità in consenso automatico, lasciando spazio a modi diversi di vivere il lutto.

Il peso di chi resta

Chi resta affronta anche un lavoro amministrativo: chiudere o trasformare account, recuperare documenti, distinguere ciò che va conservato da ciò che coinvolge persone vive, decidere chi riceve accesso. Ogni procedura opaca trasferisce alla famiglia il costo di comprendere contratti e recuperare password nel momento peggiore. Un formato sconosciuto presenta un altro ostacolo, anche dopo che un file è stato recuperato.

Anche decisioni apparentemente minime acquistano allora un peso sproporzionato. Eliminare una fotografia duplicata può sembrare un piccolo tradimento; conservarla, un piccolo rifiuto di lasciar andare. Le due impressioni possono alternarsi nello stesso pomeriggio senza indicare che una scelta sia giusta e l'altra sbagliata. Il problema nasce quando un'interfaccia trasforma questa ambivalenza in una serie urgente di caselle irreversibili, oppure presenta l'accumulo come forma automatica di fedeltà.

Chi è in lutto ha bisogno di tempo per sospendere e rivedere le decisioni, con qualcuno disponibile a farsi carico dei compiti pratici. La gestione deve restare distinguibile dal ricordo. Un periodo di conservazione protetta, con scadenze comprensibili e senza sollecitazioni commerciali, non risolve il dolore, ma evita almeno che ogni clic debba assumere subito il significato di un addio. Affidare una scelta a un esecutore distribuisce il carico senza sciogliere l'ambivalenza e permette di decidere dopo che l'urgenza amministrativa si è separata dal momento emotivo. Anche allora resta legittimo non sapere ancora che cosa conservare.

Propongo che una persona possa designare in vita un esecutore digitale con poteri limitati, leggibili e contestabili. L'esecutore riceverebbe l'autorità per compiere azioni specifiche, non la proprietà di un'intera vita: esportare file autentici, chiudere servizi, attivare un memoriale, rifiutare una simulazione o chiedere la cancellazione. Dove la volontà della persona, i diritti di terzi e le regole applicabili entrano in conflitto, la procedura deve indicare chi decide e come contestare la decisione, perché le condizioni della piattaforma non possono essere l'unica mappa disponibile.

Parlare con chi non c'è più

Teresa prova a immaginare la prima domanda: che cosa fare adesso, se sta scegliendo bene, se lui approverebbe la vita che continua. Il servizio potrebbe comporre parole plausibili e perfino sorprenderla, ma non potrebbe renderne responsabile suo marito né restituirgli la libertà di rispondere in un modo che lei non si aspettava. Lui non c'è più per dissentire e cambiare accanto a lei. Con una persona viva, il consenso resta aperto alla revisione mentre la relazione continua. La morte pone fine alla libertà della persona rappresentata di restringere il mandato o sconfessare una frase. Lui non può rispondere dell'uso del proprio volto e della propria voce. Il bisogno di Teresa merita ascolto, ma non prova che cosa avrebbe voluto suo marito.

L'autorizzazione espressa in vita per l'uso post mortem dovrebbe indicare quali materiali possano essere usati, per quale ricostruzione, da chi, per quale pubblico e durata; chi sia autorizzato ad attivarla, sospenderla o spegnerla; se siano consentiti adattamenti commerciali; che cosa accada quando il servizio chiude. La persona deve poterla modificare finché è viva.

Secondo la proposta del libro, la volontà presunta dovrebbe essere trattata come limitata e contestabile: l'accesso a un file o le condivisioni precedenti non autorizzano automaticamente una voce generativa in prima persona, così come non la autorizzano la parentela o l'affetto. L'incertezza può giustificare una conservazione protetta dell'archivio autentico mentre si chiarisce la decisione, senza conferire alla piattaforma un mandato per attivare la simulazione.

Anche con il consenso, la ricostruzione resta una congettura, perché il sistema combina tracce incomplete con schemi appresi altrove e può produrre una frase plausibile che la persona non avrebbe mai detto. L'interfaccia deve dichiarare in modo persistente che si tratta di una simulazione e distinguere le citazioni autentiche dal testo generato. Anche la provenienza dei materiali deve restare disponibile. Nessun grado di fluidità dovrebbe trasformare una previsione in testimonianza. L'effetto su chi la usa non può essere dedotto dalla sola accuratezza. La letteratura etica qui citata solleva questioni di dignità, consenso e controllo commerciale; non dimostra benefici terapeutici o danni per una specifica persona in lutto. L'osservazione deve coprire frequenza e durata, considerando i momenti di maggiore fragilità insieme alla pressione commerciale e alla possibilità reale di interrompere. Se compaiono segni di isolamento, uso compulsivo o sofferenza crescente, deve essere raggiungibile un percorso di sostegno umano senza che la piattaforma si presenti come terapeuta. Una presenza delimitata può confortare, un'altra può trattenere, e i bisogni della stessa persona possono cambiare nel tempo.[47]

Chi possiede i nostri morti

Il modello di business può legare il ricordo al pagamento. Per impedirlo, l'archivio autentico e la simulazione devono restare separabili, così che chi spegne il modello possa ancora esportare fotografie e messaggi. Anche le registrazioni devono restare disponibili in formati utilizzabili. Una fattura non dovrebbe cancellare l'unica copia o rendere irreversibile una scelta. Usare la voce per vendere qualcosa richiede un'autorizzazione distinta, data in vita; lo stesso vale per sponsorizzazioni e nuove campagne. Il consenso al ricordo familiare non è consenso commerciale.

I file di una persona contengono anche la vita di altre persone. Consegnare un'intera casella di posta espone i dati di persone vive, comprese le loro immagini e confidenze. Cancellarla può eliminare documenti importanti per la famiglia.

L'accesso dovrebbe quindi essere graduato per tipo di contenuto e scopo, con la possibilità di oscurare le informazioni di terzi e lasciare una traccia verificabile delle operazioni svolte. Non esiste una risposta uniforme per ogni ordinamento e servizio. Il possesso di un dispositivo deve comunque restare distinto dai beni che una persona eredita. Nessuno dei due va confuso con un mandato sulla persona rappresentata.

I nipoti e gli antenati

Un archivio può offrire un beneficio intergenerazionale reale. Un bambino può comprendere meglio la propria storia ascoltando la voce di un nonno che non ha conosciuto o leggendo una lettera, e vedendo come quel nonno lavorava. Le famiglie hanno sempre costruito continuità attraverso oggetti e racconti. I materiali digitali ampliano questa possibilità. La differenza sta fra incontrare un documento e ricevere una risposta attribuita a un antenato. Secondo la proposta del libro, una simulazione destinata a un minore dovrebbe essere riconoscibile come tale, usata in presenza di un adulto, priva di leve affettive e limitata nei materiali e nella durata. Dovrebbe poter mostrare la fonte di un'affermazione autentica e segnalare quando sta generando. La ricchezza dell'archivio non autorizza nessuno a inventare una relazione che la persona morta non ha scelto e che il bambino non sa ancora valutare.[47]

Il diritto di scomparire

Di fronte alla propria morte digitale, le persone desiderano cose opposte: alcune vogliono lasciare messaggi o autorizzare una forma delimitata di dialogo, altre vogliono che account e modelli siano cancellati. Il conflitto nasce quando il desiderio di chi resta incontra la volontà espressa da chi non è più vivo per negoziare.

Il diritto vigente non offre una regola uniforme. Il GDPR non si applica ai dati delle persone decedute e lascia spazio alle disposizioni nazionali. In Italia, l'articolo 2-terdecies del Codice privacy consente a determinati soggetti di esercitare alcuni diritti, con limiti. Questa disciplina non cancella le differenze fra ordinamenti e non assegna automaticamente a eredi o piattaforme un mandato sulla persona. Su questo punto propongo una tutela fondata sulla dignità, senza descrivere un diritto post mortem uniforme già esistente. Darei a ciascuno la possibilità di una direttiva digitale che separi la conservazione dall'uso memoriale, dall'addestramento e dalla simulazione, e designi chi è autorizzato ad agire, stabilendo pubblico e durata insieme alle modalità di esportazione e spegnimento. Gli usi esterni a quell'autorizzazione sarebbero vietati. La volontà espressa in vita dovrebbe prevalere sull'interesse commerciale e avere un peso forte rispetto al desiderio dei vivi. La direttiva vale soltanto se il servizio sa eseguirla e se esiste un rimedio quando non lo fa.[48]

La memoria non è un archivio

Memoria, archivio e simulazione svolgono funzioni diverse. La memoria cambia con chi ricorda; l'archivio conserva tracce; la simulazione produce nuove combinazioni. Una registrazione precisa può sostenere il ricordo e può anche dominarlo, perché la ricerca rende alcune tracce più facili da far affiorare e ripetere, mentre altre restano in ombra. Dimenticare non è sempre meglio, né conservare è sempre cura. La quantità dei materiali e il modo in cui vi si accede plasmano la memoria che emerge, così come la forma dell'interazione, senza esaurire la persona ricordata.

La memoria umana seleziona e collega anziché registrare in modo uniforme, e attenua ciò che conserva. Può custodire il rumore di una chiave nella serratura e perdere la data di una conversazione decisiva. Può lasciare affiorare un gesto prima del volto. Questa imperfezione può ferire. Alcuni ricordi tornano con un'insistenza dolorosa, mentre chi ha tratto vantaggio da un'ingiustizia può usare la memoria selettiva per cancellarla.

Una registrazione può correggere un ricordo e restituire una voce ricordata in modo inesatto. Protegge anche una testimonianza che altri preferirebbero perdere. Ma ricordare prende forma anche nella scelta, spesso non deliberata, delle tracce che entrano nel presente e della loro intensità. Una memoria selettiva può essere tenera perché non inchioda una persona alla totalità di ciò che ha detto, né pretende di risolverne ogni contraddizione. Può tenere insieme un difetto e un gesto di cura senza ridurre l'uno alla prova definitiva dell'altro.

Il limite di progetto riguarda il potere che deriva dal rendere tutto ricostruibile. Ricerca e ricostruzione devono preservare il contesto lasciando alle persone spazio per la distanza e il silenzio, e permettere a persone diverse di ricordare diversamente senza affidare a chi controlla l'archivio l'autorità di stabilire un'unica versione autentica. Negli archivi collettivi, la conservazione offre una garanzia per le testimonianze e per l'obbligo di rispondere delle proprie azioni, mentre la cancellazione può imporre l'oblio. I rischi della permanenza totale, però, includono il prolungamento di conflitti fuori contesto, l'esposizione di persone vive o il fissarsi di etichette. Mandato, curatela, accessi graduati, rettifica e date di riesame rendono governabile questa tensione senza fingere che tutto debba restare o scomparire.

Resta aperta la domanda dell'«oblio misericordioso». La misericordia non autorizza a cancellare prove o sottrarsi alle responsabilità, né permette di decidere per altri che cosa debba sparire. L'oblio imposto può proteggere proprio chi detiene il potere.

La questione è se ogni residuo debba restare ugualmente pronto a riapparire e altrettanto facile da trovare e consultare, oppure se limiti graduati, contesti e riesami possano impedire che la conservazione diventi una pena senza termine. Non esiste una risposta unica: servono quindi istituzioni le cui decisioni siano contestabili, capaci di distinguere testimonianza, memoria privata, interesse pubblico e diritto delle persone vive a non essere definite per sempre da una traccia.

Lasciar andare

Davanti alla schermata iniziale, Teresa comprende più chiaramente il proprio desiderio senza sentirlo con minore intensità. Lei può volere una risposta senza attribuirne la responsabilità al marito. Un archivio può sostenerla e una simulazione autorizzata potrebbe sostenere altri. Per Teresa, la libertà comprende la possibilità di rifiutare prima che venga attivato qualcosa. Vuole conservare l'archivio senza essere fatta sentire in colpa o dover dimostrare che il dolore è guarito.

Teresa chiude la proposta senza attivarla. Con il telefono ancora in mano, non giudica chi sceglierebbe diversamente. Conosce troppo bene quel desiderio. Esporta le registrazioni autentiche lasciando disattivata la ricostruzione e indica nelle impostazioni che, per lei, archivio e simulazione dovranno restare separati. Ha delimitato le azioni consentite al servizio, lasciando irrisolto il proprio lutto e gli altri liberi di scegliere diversamente. Conserva le tracce e rifiuta parole nuove. Le impostazioni impediscono inoltre al servizio di interpretare il silenzio di suo marito, o il proprio futuro silenzio, come autorizzazione.

L'esportazione termina in una cartella ordinata per data, non in un volto che la saluta. Teresa apre il primo file. Suo marito sta registrando un promemoria dalla cucina e, prima della voce, lei sente il bollitore che scatta, poi un cassetto chiuso con il fianco e il raschiare breve di una sedia. Dice di comprare il pane e sbaglia il nome del negozio, poi si corregge prima di lasciare tre secondi di silenzio e chiudere la registrazione. Nel secondo video l'inquadratura resta per metà sul tavolo. Lui ride fuori campo perché una vite è caduta sotto il mobile. Quando torna vicino al telefono ha polvere sulla manica e il respiro corto. Nulla è stato ripulito per far sì che queste tracce gli assomigliassero di più.

Teresa ascolta anche un messaggio che, all'inizio, le sembra quasi crudele nella sua normalità: «Farò tardi di venti minuti». In sottofondo passa un autobus e una folata di vento colpisce il microfono. Lei sa già come finisce quella sera; il file no. Il messaggio non fa domande e non misura quanto tempo Teresa resti immobile con il palmo sul tavolo freddo. Riaperto ore dopo, ripete la stessa esitazione e lo stesso rumore senza adattarsi al suo dolore né prolungare la conversazione trasformando la pausa in un invito. Questa fissità permette a Teresa di riceverlo come traccia e di fermarlo. Alcune registrazioni l'aiutano; un'altra la richiude in sé in pochi secondi. Non cerca una regola nel proprio gesto. Conserva entrambe le possibilità: tornare a quella voce quando lo desidera e lasciarla tacere quando il presente chiede spazio.

Suo marito continua nei cambiamenti che ha portato nella vita di Teresa. Lei usa una sua frase senza accorgersene e ricorda un gesto che lui le ha insegnato. Alcune scelte le sembrano possibili perché lo ha conosciuto. Queste continuità passano attraverso la vita di chi gli ha voluto bene, cambiando insieme a quelle persone. Non restituiscono un interlocutore intatto e non eliminano la sua assenza. Le registrazioni hanno un posto dentro quella vita, ma non possono stabilire come lei lo ricorderà domani. Teresa conserva i file e lascia disattivata la ricostruzione. Poi spegne lo schermo.

CAPITOLO 16

Costruire il 2050

La libertà di Teresa dipende da una separazione concreta: conservare l'archivio senza attivare la simulazione. Un principio diventa praticabile quando entra in un'architettura. Lo stesso vale per gli acquisti e per il modo in cui si costruiscono servizi e organizzazioni. Il ciclo di vita che segue usa quattro strumenti da calibrare sul rischio: una scheda prima dell'acquisto, un registro durante l'uso, una procedura d'incidente e ricorso, una prova d'uscita periodica. Ciascuno ha un titolare, una data, un evento di attivazione, una prova conservata e una conseguenza.

Non appartengono a un solo settore e non conducono sempre all'adozione. Nel caso di Davide serviranno a capire perché un prodotto competente riceve un no motivato che resta aperto al riesame. Alcune azioni sono possibili già ora. Le soglie che propongo per il 2050 devono ancora essere verificate nei diversi ordinamenti.

Prima dell'uso: scheda e mandato

La scheda è breve e precede il contratto. Identifica il problema, i beneficiari previsti e la decisione o il servizio interessato. Nomina il fornitore e le dipendenze, insieme alle persone esposte e a una distinzione chiara fra dati necessari e dati vietati. Il criterio di successo compare accanto al danno che sarebbe inaccettabile. La scheda registra se qualcuno ha verificato la comprensibilità nel tempo disponibile, anche su un caso limite, e identifica chi è autorizzato a sospendere il sistema e quale modalità degradata resterà; fissa poi una data di riesame e una data prevista di conclusione. La documentazione del fornitore alimenta queste risposte, ma non può fornirle al posto dell'organizzazione. Se l'organizzazione non riesce a compilare la scheda, non possiede una base sufficiente per acquistare. Lo scopo è compiere queste scelte prima che la fluidità di una dimostrazione faccia apparire inevitabile il prodotto.

Il mandato cambia con il potere esercitato. In città deve nominare chi è autorizzato a sospendere il sistema, il canale umano e la procedura manuale. Osservare l'ambiente non autorizza a identificare le persone se il servizio può funzionare senza farlo. A scuola rende leggibili la natura artificiale del sistema, gli acquisti, le notifiche e le leve affettive. Queste leve non possono sostenere il coinvolgimento commerciale né determinare se materiali e progressi vengano conservati. In sanità separa automazione amministrativa, supporto revisionabile e decisioni ad alto impatto. Propongo di mantenere la responsabilità umana per diagnosi e trattamento, comprese le decisioni su priorità e dimissione e la comunicazione di prognosi gravi: una responsabilità che richiede a una persona competente di poter decidere e ascoltare, con la possibilità di correggere e rispondere dell'esito entro le regole del contesto.

Durante l'uso: registro e supervisione

Il registro segue ciò che il sistema fa e ciò che sposta sugli altri. In città confronta risultati, attese, errori, reclami e interruzioni fra zone e gruppi; nell'impresa registra compiti trasformati, benefici e costi di tempo, formazione e qualità; all'università distingue credenziale da competenza esercitata; nei media collega origine, passaggi generativi e responsabile editoriale.

La supervisione va dimensionata per compito, non certificata dalla presenza di un nome umano. Gravità, velocità del danno, simultaneità, opacità e reversibilità determinano il carico di lavoro e come vengono assegnati controllo e autorità. Il supervisore deve vedere e comprendere abbastanza in tempo per fermare e correggere l'azione. Altrimenti la firma diventa un rito. Nei diversi settori il registro collega versione, contesto, decisione, scostamento e ragioni, misurando anche il lavoro creato e chi accumula giudizio invece di ricevere soltanto risposte confezionate.

Quando qualcosa devia: incidente e ricorso

La procedura d'incidente dichiara le condizioni di attivazione — errore grave, uso fuori scopo, indisponibilità, violazione di sicurezza o ricorsi ripetuti — e stabilisce chi è autorizzato a fermare il sistema, quale servizio manuale continua, chi viene avvisato, quali prove si preservano, come si correggono dati e decisioni e chi autorizza la ripartenza. Un rapporto finale senza potere di sospendere e riparare, o senza autorità per modificare la regola, conserva memoria burocratica senza offrire rimedio.

Il ricorso restituisce voce a chi subisce l'effetto. La procedura deve rilasciare ricevuta, preservare il materiale, classificare l'urgenza, nominare un decisore, comunicare l'esito e consentire il riesame. Il rimedio può richiedere rimozione, rettifica visibile, collegamento fra falso e smentita o protezione da nuove diffusioni. Studenti e pazienti che chiedono un riesame, come ogni cittadino, hanno bisogno di un canale umano accessibile che conduca a qualcuno con l'autorità di cambiare l'esito. Senza potere e senza un tempo proporzionato al danno, un colloquio d'ascolto e un modulo lasciano intatto il sistema contestato.

La continuità quando un sistema chiude

La prova d'uscita non coincide con una clausola di esportazione. Deve mostrare che dati, registri, configurazioni e permessi restano leggibili e che la funzione essenziale può essere ricostruita fuori dal servizio principale. Deve provare anche la modalità degradata, le procedure alternative e la protezione dei gruppi esposti all'esclusione. Durante l'uscita, utenti e lavoratori hanno ancora bisogno di assistenza e di qualcuno responsabile della continuità. L'organizzazione resta responsabile della gestione della complessità acquistata anche quando restringe o sostituisce il sistema, oppure lo spegne.

Laboratori condivisi possono offrire capacità di prova, come nella proposta di Lidia. Ogni rapporto deve comunque conservare una scadenza, la versione, il campo di validità e le condizioni che obbligano a ripetere la prova, altrimenti il laboratorio diventa un altro timbro rituale. Una persona può affiancare a queste garanzie un fascicolo di continuità con recupero dell'identità, contatto alternativo, deleghe e scadenze, servizi essenziali, consensi revocabili e istruzioni su archivi e simulazione post mortem. Oltre alle garanzie pubbliche, questo compito richiede sportelli raggiungibili che applichino al caso individuale le domande del Test senza lasciare sola proprio la persona che ha meno tempo o denaro da dedicarvi, o meno capacità di comprendere il linguaggio tecnico.

Decidere di non adottare

Trovo il Test del 2050 particolarmente utile quando le evidenze resistono a un sì o a un no netti. Davide lo applica alla proposta di un gemello operativo per la contrattualistica della sua impresa. Il bisogno è reale: le bozze si accumulano, le persone esperte vengono coinvolte tardi e il fornitore promette di preparare offerte più rapidamente leggendo richieste e precedenti insieme alle condizioni commerciali. Davide parte da due fatti già emersi: una clausola plausibile era stata approvata senza che nessuno ne ripercorresse il ragionamento, e l'automazione poteva sottrarre alla collega più giovane i passaggi necessari per diventare competente. Qui la domanda è nuova: il beneficio emerso dal pilota giustifica la supervisione, il costo formativo e la dipendenza d'uscita?

Durante una riunione, la scheda fissa come successo una preparazione più rapida senza correzioni tardive, eccezioni mancate o impegni non compresi. Nomina i dati e le persone esposte, il responsabile degli acquisti, l'autorità di arresto, la modalità manuale, la data di riesame e il costo delle ore necessarie a governare il progetto. Quel costo non viene nascosto dentro la voce generica dell'innovazione.

Il mandato resta in modalità Propone per ogni clausola ad alto impatto. Il mandato del gemello comprende il confronto dei precedenti e la segnalazione degli scostamenti per formulare alternative sulla base di quei confronti; esclude la scelta dell'esito vincolante e l'invio della versione pronta. Turni, prezzi, personale e impegni contrattuali restano fuori dall'esecuzione autonoma. Il fornitore lo definisce un correttore costoso; Davide considera quella finestra il punto in cui una persona può ancora riconoscere il rischio e risponderne.

Il fornitore porta risultati su documenti campione, non sulle eccezioni che hanno generato i conflitti più costosi per l'impresa. Davide usa quindi casi chiusi: in molti il sistema riconosce formule anomale e propone una riscrittura utile; in uno tratta come standard una rinuncia accettata soltanto per un cliente in emergenza. Le evidenze sono promettenti e parziali. Mentre un cliente aspetta un'offerta, Davide accetta il costo del ritardo: nessun documento parte dal sistema. Il pilota inizierà in ombra, sugli stessi fascicoli usati dal personale, che continuerà a firmare ogni passaggio.

La collega più giovane rende visibile un costo che la scheda iniziale aveva quasi mancato. Se riceve subito una proposta plausibile, può controllarne la superficie senza apprendere perché una deroga era stata concessa o quale errore aveva cambiato una clausola. L'esperienza già costruita le offre un metodo: formulare un'ipotesi prima dell'aiuto, poi ripercorrere a ritroso alcuni casi selezionati. Quando cresce il suo giudizio, l'intervento del gemello dovrebbe diminuire. Durante il pilota, Davide protegge ore settimanali per ricostruire le proposte con chi aveva negoziato le eccezioni. Sono ore sottratte al risparmio promesso. Il beneficio viene quindi misurato da chi accumula competenza e da chi rischia di ricevere soltanto conclusioni confezionate.

L'errore plausibile è serio, ma il suo effetto non è istantaneo. La proposta non modifica da sola un prezzo né invia un ordine, perché fra l'errore e la conseguenza resta una firma. Questa finestra dà a un supervisore il tempo di chiedere il fascicolo e respingere il suggerimento, registrandone le ragioni.

Davide assegna il riesame interno a una persona diversa da chi ha preparato l'offerta. Il fornitore deve conservare gli input rilevanti, la proposta, la versione mostrata e l'intervento umano. Se il sistema insiste sulla stessa formula dopo una correzione, il caso risale al responsabile, che è autorizzato a sospendere il pilota. Il ricorso offre un punto raggiungibile prima che la firma trasformi un suggerimento in obbligo, senza promettere infallibilità.

Viene poi la prova d'uscita. Il contratto include una clausola di esportazione per registri e dati, ma Davide chiede una prova prima dell'attivazione. Il team legge i registri fuori dal servizio e scopre che non può ricostruire le configurazioni che distinguono un modello approvato da un'eccezione temporanea, né i permessi che determinano, per ogni ruolo, l'accesso alle proposte e l'autorità di correggerle. Davide trasforma il fallimento in condizione sospensiva: finché il team non può esportare e riaprire i registri insieme alle configurazioni e ai permessi necessari per usarli, il gemello non vedrà fascicoli reali e i novanta giorni non cominceranno. Nel secondo test il team riapre un fascicolo in un ambiente separato e riassegna i permessi, continuando senza il servizio principale. Solo allora parte il pilota in ombra.

Il verdetto provvisorio è Limitare e provare. Il pilota dura novanta giorni: prima in ombra, poi, se il confronto non mostra scostamenti critici, in modalità Propone. Nessuna esecuzione autonoma è ammessa su turni, prezzi, personale o impegni contrattuali. Ogni supervisore segue al massimo dodici processi aperti, soglia da riesaminare con il carico osservato.

Per ogni offerta Davide registra anche le ore impiegate per preparare il fascicolo, controllare la proposta e ricostruire il ragionamento con la collega più giovane. Il beneficio sarà calcolato dopo questo lavoro. Se scompare quando la supervisione è svolta davvero, il sistema potrà restare competente senza essere la scelta giusta.

A metà pilota viene simulato un incidente in cui il gemello riutilizza una clausola favorevole all'impresa senza riportare la limitazione concordata con quel cliente. Nessun contratto viene inviato. La proposta è plausibile, ben scritta e sbagliata nel punto decisivo.

Per accorgersene, la responsabile della contrattualistica deve riaprire il fascicolo e verificare la cronologia. Deve anche discutere l'eccezione con chi l'aveva negoziata. Accanto al tempo di ricostruzione e correzione, il team registra quello impiegato per comunicare con chi aspetta.

Davide nomina la responsabile della contrattualistica titolare della sospensione del pilota, assume su di sé la responsabilità della decisione di proseguire e fissa nel verbale il 15 ottobre 2050 come data del riesame finale. Il cliente riceve l'offerta più tardi e non considera il ritardo un progresso morale.

Nelle settimane successive il gemello propone clausole solide e riduce le ricerche ripetitive, ma ogni vantaggio richiede la lettura del fascicolo e il confronto con le eccezioni. Le ore di apprendistato devono comunque essere protette. La verifica conferma una capacità operativa reale e misura un carico di supervisione superiore al preventivo.

Il 15 ottobre 2050 il fornitore arriva al riesame con tempi migliori e chiede di passare dalla modalità Propone all'invio automatico delle offerte. La responsabile della contrattualistica apre tre fascicoli. In due il gemello ha ridotto il lavoro ripetitivo e ordinato i precedenti; nel terzo ha riproposto, con parole diverse, la clausola respinta. La collega più giovane riconosce l'errore perché ha ricostruito quel precedente durante l'apprendistato. Il verbale separa il tempo lordo risparmiato da quello speso per controllare fonti, discutere eccezioni, mantenere il registro e formare chi dovrà esercitare il giudizio. Dopo questa sottrazione il beneficio rimane, ma è modesto e irregolare. Il sistema resta competente e utile: produce bozze ordinate a partire da somiglianze utili, accelerando i passaggi semplici del processo. Per usarlo qui, però, l'impresa deve impegnare le persone esperte che voleva liberare.

La prova d'uscita aggiunge un secondo costo. Registri e configurazioni si trasferiscono, ma devono essere verificati; permessi ed eccezioni richiedono assistenza, e una parte del lavoro resta legata al formato del fornitore. Nulla di questo rende il contratto scorretto.

Rende visibile una dipendenza che avrebbe senso soltanto in cambio di un vantaggio maggiore.

Davide confronta il pilota con un'alternativa organizzativa: una raccolta di clausole approvate, eccezioni indicate all'apertura del fascicolo, coinvolgimento anticipato della persona esperta e ore protette per ricostruire i casi. Il flusso lascia alle persone la scrittura delle offerte e le attese restano. Riduce i passaggi inutili conservando l'apprendistato. Costa anche meno da governare.

Il confronto mette di fronte due architetture rispetto allo stesso bisogno. Nel vocabolario del Test, la decisione passa a Non delegare. Davide rifiuta l'invio automatico e anche il rinnovo in modalità Propone. Comunica che l'impresa non adotterà il gemello e chiede di avviare la procedura d'uscita prevista dal contratto. Il fornitore riceverà quanto dovuto. Il prodotto potrà risultare utile dove il rapporto fra vantaggio e controllo è diverso. Qui il beneficio residuo non giustifica supervisione e dipendenza quando esiste un'alternativa organizzativa migliore. Il 15 ottobre 2050 il pilota viene chiuso.

Prima che la riunione finisca, il commerciale chiede una motivazione breve: prestazioni insufficienti, rischio o prezzo. Davide non sceglie nessuna di quelle etichette. Il prodotto ha superato diverse prove, ma non la soglia economica e organizzativa di quel processo, con quel volume e quella capacità di supervisione.

La collega più giovane chiede se sopravvivranno le ore di apprendistato. La responsabile della contrattualistica le fissa nel calendario delle otto settimane successive, mentre il direttore commerciale registra il proprio dissenso. Il grafico dei tempi migliorati e la tabella delle ore esperte restano entrambi veri e insufficienti da soli. Davide firma la rinuncia a un beneficio reale e mantiene aperto il fascicolo: uscita da verificare, tempo protetto e una data per contestare di nuovo il perimetro. Il rifiuto lascia un progetto proprio, con persone nominate che rispondono dei costi e delle conseguenze.

I costi del rifiuto e del riesame

Il rifiuto non libera nessuno. Il fornitore avvia l'uscita e chiede all'impresa di descrivere ogni configurazione contestata. La responsabile della contrattualistica lascia le nuove offerte in coda mentre ricontrolla permessi ed eccezioni; un cliente, irritato dal ritardo, passa a un concorrente. Davide non attribuisce la perdita alla macchina né al fornitore, perché deriva anche dal tempo che l'impresa ha scelto di dedicare alla chiusura del sistema senza lasciare fascicoli illeggibili. Nel verbale del 16 ottobre registra il cliente perso accanto ai rischi evitati. Il costo del no entra nello stesso conto che aveva ridimensionato il beneficio del sì.

L'alternativa organizzativa comincia peggio di una presentazione. Le clausole sono sparse, alcune eccezioni hanno nomi diversi e le persone esperte ricordano passaggi mai scritti. Per due settimane il gruppo interrompe il lavoro ordinario ogni pomeriggio: raccoglie le versioni, indica all'apertura di ogni fascicolo prezzo, responsabilità e consegna, lega ogni deroga al caso che l'aveva giustificata. Una riunione settimanale assegna subito l'esperto necessario.

L'impresa sta costruendo un sistema più piccolo, con regole di accesso scritte e una manutenzione propria. Richiede ore protette proprio come il sistema rifiutato, anziché segnare un ritorno all'affidamento sulla memoria informale.

Il direttore commerciale contesta la decisione citando il cliente perduto e le offerte ancora in attesa. Richiama anche le ore che l'impresa non può fatturare. La soglia dipende da questo volume di lavoro e dalle persone esperte necessarie al controllo, insieme alla dipendenza d'uscita. Il pilota non offre una base per affermare che l'essere umano sia sempre migliore. Se il processo o la capacità interna cambieranno, la proposta sarà riesaminata il 15 aprile 2051. Il verbale assegna così il no a una persona che deve risponderne.

Alla terza settimana arriva una richiesta urgente con una clausola di responsabilità quasi identica a quella che il gemello aveva trattato come standard. La collega più giovane trova l'eccezione perché ora è segnalata all'apertura del fascicolo e ricostruisce con la responsabile della contrattualistica la telefonata che l'aveva prodotta. L'offerta parte tardi ma senza trasferire quel rischio. Due giorni dopo, su un contratto ordinario, lo stesso flusso richiede più tempo di quanto avrebbe impiegato il gemello e non aggiunge alcun valore. I due casi restano insieme. Il primo mostra che la competenza è cresciuta; il secondo impedisce di trasformare la scelta in una vittoria retrospettiva.

Il fornitore consegna l'esportazione finale e revoca gli accessi, conservando solo ciò che il contratto impone. Dopo aver riaperto senza assistenza un fascicolo scelto a caso, Davide firma la chiusura, paga il saldo e invia al fornitore il caso dell'eccezione ripetuta. L'impresa resta senza l'automazione e con un cliente in meno, ma conserva una competenza interna più distribuita.

Al riesame del 15 aprile 2051, Davide confronta attese, correzioni tardive, margine, ore esperte e apprendistato. Le correzioni costose sono diminuite e la collega prepara alcuni fascicoli senza assistenza, ma le offerte semplici restano più lente e meno redditizie.

Il direttore commerciale propone allora un servizio limitato alla ricerca dei precedenti, a costo minore e senza accesso ai fascicoli aperti. Davide autorizza una nuova prova in ombra su casi chiusi, separata da qualsiasi decisione d'acquisto e valutata in termini di controllo e formazione. Riaprire la domanda richiede una soglia della cui applicazione qualcuno debba rispondere. Un secondo rifiuto deve restare possibile.

La nuova prova restituisce una decisione alle persone che dovranno viverne gli effetti. Davide deve giustificare il tempo che richiede, e il direttore commerciale ha ragioni per contestare ciò che l'impresa riceve in cambio. Mantenere aperto quel dissenso richiede evidenze disponibili per il riesame e una via pratica per cambiare l'assetto. Il ciclo di vita offre entrambe. Per ora il servizio di ricerca proposto ha accesso soltanto ai casi chiusi. L'impresa non ha assunto alcun impegno ad acquistarlo.

EPILOGO

Un martedì di giugno 2051, Matteo è su un treno quando l'ufficio riceve l'avviso di una contaminazione dell'acqua in due quartieri. La procedura costruita mesi prima assegna subito materiali, firma, canali accessibili e ora del riesame. Una collega più giovane pubblica l'avviso senza aspettare il suo ritorno. Matteo legge la notifica sul telefono e non interviene, perché per la prima volta la capacità non dipende dalla sua prudenza nel momento della crisi.

Nella città di Elena, un aggiornamento del fornitore arriva con l'identificazione automatica attiva per impostazione predefinita nei varchi esterni. Il registro del Mandato segnala lo scostamento prima della messa in servizio e blocca soltanto quella funzione, mentre conteggi anonimi e allarmi operativi continuano. Nessuno deve ricostruire da capo il confine politico stabilito mesi prima, ma il controllo costa due giornate di lavoro manuale e ritarda l'apertura di un nuovo accesso.

Alle undici l'avviso sull'acqua viene corretto, perché il primo testo aveva incluso una strada servita da un'altra rete. La versione iniziale resta visibile accanto alla rettifica, i chioschi ricevono l'aggiornamento e il numero pubblico registra le chiamate di chi aveva già comprato acqua o perso un turno. La procedura rende leggibile l'errore; non restituisce il tempo né impedisce che qualcuno accusi l'ufficio di aver creato allarme.

Irene chiede che le due giornate perse per l'aggiornamento bloccato compaiano nel quadro pubblico insieme al rischio evitato. Non propone di accettare la funzione per risparmiare tempo; contesta però un contratto che trasferisce alla città il costo di scoprire ogni nuova impostazione predefinita. Elena convoca il fornitore e fissa un riesame del capitolato. Irene deposita un'altra nota contraria, perché la procedura ha dato forma al dissenso, senza risolverlo.

Nel pomeriggio Sofia riceve l'esito delle prime contestazioni al rapporto sull'adattabilità. La categoria che penalizzava percorsi segnati da impegni di cura e lavori stagionali è stata rimossa, ma le revisioni umane richiedono diversi giorni in più proprio alle persone che avevano già atteso più a lungo. Sofia non riapre la vecchia analisi: modifica invece la scadenza del servizio e assegna personale ai casi sospesi. Il costo residuo viene pubblicato come parte della correzione. Cambiare la regola ha lasciato un secondo compito: affrontare le attese che aveva prodotto.

Poco dopo, Luca vede nel passaggio di consegne la domanda che Teresa aveva fatto mesi prima: «Se i numeri fossero stati normali, mi avreste ascoltata lo stesso?». È diventata un campo del colloquio, non una risposta automatica. Una giovane medica annota che il cruscotto è stabile e chiede comunque a Teresa che cosa l'abbia portata lì. La sua voce entra nel caso prima che il caso venga chiuso, anche se dalla visita non emerge una nuova diagnosi.

Quella sera Amir manda a un compagno una canzone con un accordo sbagliato e il respiro vicino al microfono. L'assistente propone di pulirla, ma lui trova una parola e conserva la prima registrazione. Il compagno ride nel punto serio, poi chiede di sentirla di nuovo. Amir si irrita e prova a spiegarsi, restando nella conversazione. La reciprocità costa più della disponibilità perfetta.

Quel martedì nessuno ha salvato il futuro. L'avviso ha spaventato persone fuori pericolo, il varco è rimasto chiuso, le candidature hanno atteso e Teresa è tornata a casa senza soluzione. Le scelte precedenti hanno lasciato capacità: una collega che agisce, un aggiornamento che viene bloccato, una regola che viene corretta, una domanda che sopravvive al turno. Le persone indicate per nome hanno date in cui riaprire ciò che non ha funzionato.

Ciò che non deleghiamo

Queste scelte tengono insieme strumenti e persone capaci. Le macchine ordinano, segnalano, confrontano e propongono. La domanda riguarda la relazione che vogliamo stabilire con ciò che sanno fare e la parte della decisione che deve restare a chi può risponderne. Definire l'umano attraverso ciò che una macchina non sa ancora fare sarebbe fragile. I sistemi non colgono il contesto e fraintendono un'eccezione. Confondono anche una correlazione con una ragione. Alcuni limiti diminuiranno, altri muteranno. Se affidassimo la dignità alla prestazione in cui conserviamo un vantaggio, dovremmo arretrare ogni volta che una macchina migliora e misureremmo con lo stesso metro le persone meno rapide, meno produttive o meno autonome.

Una macchina potrà diventare più capace di riconoscere l'ironia e ricostruire eccezioni. Potrà anche distinguere un allarme da una variazione innocua con maggiore accuratezza di prima. Non occorre negarlo per difendere un limite, perché capacità e affidabilità non conferiscono da sole autorità. La domanda resta chi possa affidarle il potere di agire, per quale scopo, con quali conseguenze e fino a quando. Non sto riservando alla nostra specie un catalogo di attività né chiedendo alle persone di rifiutare aiuto. Le macchine preparano bozze e forniscono promemoria, oppure eseguono compiti delimitati che comprendono calcoli e confronti. Voglio che l'attribuzione di potere resti visibile lungo tutta quell'assistenza. Qualcuno deve conservare l'autorità di ascoltare una contestazione e cambiare l'esito, con ragioni che sia disposto a spiegare alle persone coinvolte.

La responsabilità lega un nome alle conseguenze lungo l'intero corso dell'azione. Nel caso di Matteo, l'autorizzazione dà inizio a una responsabilità che continua dopo la pubblicazione. Qualcuno deve conservare le versioni e mantenere il potere di sospendere il contenuto, con il dovere di correggere ciò che ha raggiunto il pubblico, così che «Lo ha deciso il sistema» smetta di essere una giustificazione.

La reciprocità riguarda una relazione fra persone libere di sorprendersi e dissentire, per poi scegliere di tornare.

La libertà di cambiare introduce il tempo, perché una decisione resta umana se può essere corretta e non inchioda la persona a ciò che il sistema aveva inferito ieri. Teresa conserva l'archivio e rifiuta la simulazione, mantenendo la possibilità di scegliere di nuovo senza perdere l'assistenza. Revoca, rettifica, riesame e uscita devono essere praticabili, non soltanto visibili nell'interfaccia.

La presenza resta necessaria quando non esiste una soluzione. Luca può usare strumenti precisi senza lasciare che un cruscotto chiuda la domanda di Teresa, ma deve comunque spiegarle l'incertezza e ascoltarla, restando responsabile della cura anche quando nessun esito elimina il limite. La tecnologia può sostenere quella presenza; non dovrebbe diventare il pretesto per ritirarla.

Responsabilità, reciprocità, libertà di cambiare e presenza sono pratiche fragili, che persone e istituzioni tradiscono; le macchine possono sostenerle. Ciò che non deleghiamo è il compito di conservarne le condizioni concrete.

Su quel treno, quella mattina, Matteo lascia l'avviso nelle mani della collega perché la procedura le conferisce l'autorità di agire e la rende responsabile di ciò che segue. Più tardi, quella stessa mattina, la rettifica richiederà altro lavoro. Per gli abitanti della strada inclusa per errore, la domanda pratica è se qualcuno risponderà al numero pubblico e farà qualcosa con ciò che diranno.

APPENDICE

Strumenti per il lettore

Queste pagine rendono consultabile il metodo del racconto. La mappa distingue i tre vocabolari controllati. La sintesi raccoglie le sette domande del Test del 2050 e il caso di Davide mostra come una decisione possa riconoscere un beneficio reale e scegliere comunque di non delegare. Il Glossario essenziale definisce i concetti necessari per tornare ai capitoli senza trasformare l'appendice in un secondo libro.

Il Test non assegna un punteggio e non certifica un prodotto. Per ogni domanda registra uno stato — Sufficiente, Irrisolta o Bloccante — e conduce a una decisione organizzativa — Procedere, Limitare e provare, Non delegare o Interrompere. Una condizione Bloccante non viene compensata dagli altri benefici. Se cambiano modello, dati, fornitore, scala, compito o responsabili, il Test deve essere riaperto.

Le voci distinguono, quando necessario, fatti storici e tecnici documentati, scenari narrativi ambientati nel 2050 e proposte originali del libro.

Le versioni complete della scheda compilabile, del protocollo avanzato di prova con due sistemi, del fascicolo completo del caso di Davide e del glossario sono disponibili nella pagina Risorse online indicata alla fine dell'appendice.

Mappa dei tre vocabolari

Le tre liste rispondono a domande diverse. La modalità descrive il potere esercitato dal sistema; lo stato della risposta qualifica ciascuna domanda del Test; la decisione organizzativa stabilisce che cosa viene autorizzato nel complesso. Non si sommano e non si traducono automaticamente l'una nell'altra.

Piano	Vocabolario e significato	Regola d'uso
Modalità del sistema	**Assiste** — prepara, ordina o rende visibili elementi senza scegliere l'esito. **Propone** — raccomanda un'opzione che una persona competente può modificare o rifiutare. **Decide** — seleziona un esito entro il mandato. **Esegue** — produce un effetto sul servizio, sul mondo o sui diritti.	Descrive il potere esercitato in un compito e in una fase. Può cambiare nello stesso sistema.
Stato della risposta	**Sufficiente** — consente di decidere soltanto entro la versione, la data e il perimetro messi per iscritto. **Irrisolta** — richiede prova, responsabile e scadenza. **Bloccante** — impedisce la delega o impone di restringere o fermare l'uso finché la condizione non cambia.	Lo stato qualifica ciascuna delle sette risposte.
Decisione organizzativa	**Procedere** — autorizzare il perimetro scritto. **Limitare e provare** — autorizzare una prova delimitata, reversibile e arrestabile. **Non delegare** — non affidare quel potere nel contesto corrente; documentare l'alternativa e il suo costo e fissare un riesame. **Interrompere** — fermare un'autorizzazione già attiva.	Registra la scelta complessiva. Non deriva automaticamente dalla modalità né dal numero di domande la cui risposta è Sufficiente.

Passaggio	Che cosa deve restare osservabile
1. Test	Scopo, Mandato, Prova, Distribuzione, Danno, Ricorso e Uscita; evidenze e condizioni non compensabili.
2. Mandato	Compiti, modalità, dati, persone, luoghi, durata, volume, registri, divieti, soglie e autorità d'arresto.
3. Monitoraggio del ciclo di vita	Versione, benefici, eccezioni, carico di supervisione, incidenti, ricorsi, competenza residua e prova d'uscita.
4. Limitare, uscire o interrompere	Restringere il mandato, passare alla modalità degradata, sostituire il sistema o smettere di usarlo quando le condizioni non reggono più.

Le sette domande del Test del 2050

Compilare il Test con fatti datati, indicando per ogni risposta documenti, versione e perimetro dell'evidenza. Sufficiente consente di decidere soltanto entro il perimetro scritto; Irrisolta richiede una prova, un responsabile e una scadenza; Bloccante restringe o ferma la delega. Benefici e prestazioni non compensano l'assenza di Ricorso, Uscita o autorità d'arresto.

1. **Scopo** — Quale problema osservabile viene affrontato, per chi e con quale criterio di miglioramento? Quale alternativa meno invasiva e quale costo del non intervenire sono stati confrontati?
2. **Mandato** — Per ciascun compito, quale modalità si applica al sistema: Assiste, Propone, Decide o Esegue? Quali dati, persone, luoghi, durata e volume ne delimitano il potere? Quali azioni sono vietate e chi può fermarlo?
3. **Prova** — Quali fonti, dati, prestazioni nel contesto, limiti e casi di fallimento sostengono la scelta? La comprensibilità è stata verificata nel tempo disponibile su un caso ordinario e uno limite?
4. **Distribuzione** — Chi riceve beneficio, tempo o potere e chi sostiene lavoro, rischio, costi materiali, formazione o difficoltà di contestazione? Chi paga durante la correzione e se la delega non parte?
5. **Danno** — Quale fallimento plausibile può verificarsi, quanto è grave e reversibile e quanto tempo passa prima che diventi difficile

correggerlo? Quale soglia è inaccettabile e quale riparazione resta possibile?

6. **Ricorso** — Chi subisce l'esito riceve una notifica comprensibile e accede agli elementi correggibili? Raggiunge in tempo un revisore competente con autorità di sospendere o modificare l'esito e comunicarne le ragioni?
7. **Uscita** — Il sistema può essere fermato o sostituito mantenendo dati, diritti e servizi essenziali? Configurazioni, permessi e registri sono riutilizzabili; la modalità degradata è stata provata; quando è avvenuta l'ultima prova reale e chi ne sostiene il costo?

Assiste non equivale a Procedere; Sufficiente non equivale a un giudizio positivo. Dopo le sette domande, la decisione complessiva deve indicare perimetro autorizzato, azioni vietate, condizioni prima del via, soglie d'arresto, responsabile, data di riesame e alternativa mantenuta.

Quando una risposta è Sufficiente e quando è Bloccante

Scopo — Sufficiente quando il bisogno è osservabile, i beneficiari sono nominati, un criterio di miglioramento è scritto e sono stati confrontati l'alternativa meno invasiva e il costo del non intervenire. Bloccante quando l'unico obiettivo dichiarato è «usare l'IA» o un risparmio il cui costo ricade su chi non può opporsi.

Mandato — Sufficiente quando la modalità è scritta (Assiste, Propone, Decide, Esegue) insieme a limiti, responsabile e procedura di escalation, e chi riesamina gli esiti dispone di tempo, competenza e autorità per modificarli o respingerli. Bloccante quando un sistema definito «supporto» opera in modalità Decide o Esegue perché nessuno può modificarne o respingerne gli esiti in tempo.

Prova — Sufficiente quando le prestazioni sono state misurate nel contesto d'uso, i limiti noti sono documentati e chi subisce l'esito può ottenere una spiegazione sufficiente a verificarlo e contestarlo. Bloccante quando le prestazioni nel contesto sono sconosciute o l'esito non può essere spiegato alla persona interessata. Per ottenere queste evidenze può essere autorizzata l'osservazione su casi chiusi o sintetici senza effetti esterni; non è delega.

Distribuzione — Sufficiente quando il bilancio mostra chi guadagna e chi paga in tempo, lavoro, rischio e potere, compresi gli esclusi o i mal rappresentati, e include il costo del governo. Bloccante quando il guadagno va all'organizzazione e il rischio viene trasferito ai meno protetti, senza compensazione né possibilità di opporsi.

Danno — Sufficiente quando i fallimenti plausibili sono elencati con gravità, estensione, reversibilità e tempo al danno, e allerta, arresto e contenimento precedono il danno. Bloccante quando il sistema agisce più rapidamente della capacità umana di comprenderlo o fermarlo, oppure un fallimento plausibile non potrebbe essere contenuto entro il perimetro autorizzato prima di diventare irreversibile per la persona interessata.

Ricorso — Sufficiente quando la persona viene informata del coinvolgimento di un sistema e di ciò che è accaduto, ottiene le ragioni, raggiunge entro un tempo dichiarato un revisore competente con autorità di cambiare l'esito e le correzioni raggiungono i dati o la procedura a monte. Bloccante quando il riesame è automatizzato, si limita a ripetere l'esito o non ha autorità per modificarlo.

Uscita — Sufficiente quando è possibile fermare il sistema, tornare indietro, cambiare fornitore o scegliere un'alternativa, esistono portabilità e interoperabilità e il piano d'uscita viene provato secondo un calendario. Bloccante quando rifiutare significa perdere lavoro, cura, istruzione o un servizio essenziale senza un'alternativa proporzionata.

Irrisolta è tutto ciò che sta fra i due estremi: la risposta esiste ma manca un elemento, e per quell'elemento mancante ci sono un responsabile e una scadenza.

La regola decisionale

Stato della risposta	Prima dell'uso	Durante l'uso
Almeno una Bloccante	Non delegare	Interrompere
Nessuna Bloccante, almeno una Irrisolta	Limitare e provare, con effetti reversibili, un responsabile, una prova, una scadenza e un meccanismo d'arresto già messi per iscritto.	Limitare e provare, con effetti reversibili, un responsabile, una prova, una scadenza e un meccanismo d'arresto già messi per iscritto.
Tutte Sufficienti	Procedere consentito, con condizioni e data di riesame; resta possibile un Non delegare motivato	Procedere consentito, mantenendo la data di riesame

Quando sono in gioco salute, libertà, reddito, istruzione, identità, servizi essenziali o sicurezza, una risposta Irrisolta su Mandato, Danno, Ricorso o Uscita vale come Bloccante.

La scheda minima

Sistema: nome: ____________________
fornitore: ____________________
versione: ____________________
data della valutazione: ____________________
perimetro d'uso: ____________________
Modalità richiesta: (le modalità possono combinarsi per compito)
☐ Assiste ☐ Propone ☐ Decide ☐ Esegue
responsabile: ____________________
procedura di escalation: ____________________

Scopo · Evidenze e condizioni: ____________________
____
____
stato: ☐ Sufficiente ☐ Irrisolta ☐ Bloccante
Irrisolta: responsabile / verifica / scadenza: ____________________
Bloccante: rimedio / condizione da cambiare / rivalutazione: ____________________

Mandato · Evidenze e condizioni: ____________________
____
____
stato: ☐ Sufficiente ☐ Irrisolta ☐ Bloccante
Irrisolta: responsabile / verifica / scadenza: ____________________
Bloccante: rimedio / condizione da cambiare / rivalutazione: ____________________

Prova · Evidenze e condizioni: ____________________
____
____
stato: ☐ Sufficiente ☐ Irrisolta ☐ Bloccante
Irrisolta: responsabile / verifica / scadenza: ____________________
Bloccante: rimedio / condizione da cambiare / rivalutazione: ____________________

Distribuzione · Evidenze e condizioni: ____________________
____
____
stato: ☐ Sufficiente ☐ Irrisolta ☐ Bloccante
Irrisolta: responsabile / verifica / scadenza: ____________________
Bloccante: rimedio / condizione da cambiare / rivalutazione: ____________________

Danno · Evidenze e condizioni: ______________________________

____

____

stato: ☐ Sufficiente ☐ Irrisolta ☐ Bloccante
Irrisolta: responsabile / verifica / scadenza: ____________________
Bloccante: rimedio / condizione da cambiare / rivalutazione: __________

Ricorso · Evidenze e condizioni: ______________________________

____

____

stato: ☐ Sufficiente ☐ Irrisolta ☐ Bloccante
Irrisolta: responsabile / verifica / scadenza: ____________________
Bloccante: rimedio / condizione da cambiare / rivalutazione: __________

Uscita · Evidenze e condizioni: ______________________________

____

____

stato: ☐ Sufficiente ☐ Irrisolta ☐ Bloccante
Irrisolta: responsabile / verifica / scadenza: ____________________
Bloccante: rimedio / condizione da cambiare / rivalutazione: __________
Costo della non adozione: chi aspetta: ____________________
per quanto tempo: ______________________________
con quale danno: ______________________________
stato: ☐ S ☐ I ☐ B
Questo stato qualifica la stima e alimenta Scopo, Distribuzione e Danno; non è un'ottava domanda.
Tempo al danno (stimato): ______________________________
Tempo d'intervento (misurato): ____________________________
☐ tempo d'intervento inferiore al tempo al danno ☐ non misurato
Decisione:
☐ Procedere ☐ Limitare e provare ☐ Non delegare ☐ Interrompere
condizioni e meccanismo d'arresto: ____________________________

____

____

data di riesame: ______________________________
Ciclo di vita: ☐ registro mantenuto ☐ ore di supervisione protette
☐ uscita provata il: ______________________________
Costo del passaggio (tempo, denaro): ____________________
Prova di portabilità svolta il: ____________________________
Quota del compito ancora svolta a mano: ____________________

Quaderno completo, protocollo di prova e fascicolo del caso:
www.corneritaliano.com/2050/risorse

Esempio sintetico: Davide, 15 ottobre 2050, e sviluppi successivi

Scopo — Ridurre l'arretrato e il tempo di preparazione senza aumentare eccezioni mancate, correzioni tardive o impegni non compresi.

Mandato — Propone: confronta precedenti, segnala scostamenti e formula alternative; non invia né firma. Prezzi, personale e impegni contrattuali restano esclusi.

Prova — In novanta giorni, prima in ombra e poi in modalità Propone, il sistema ha fornito precedenti utili. Si è verificato un errore plausibile nel caso decisivo e il beneficio è stato modesto e irregolare.

Condizione Bloccante — Configurazioni e permessi non erano ricostruibili fuori dal servizio; il pilota è partito soltanto dopo una prova d'uscita superata.

Decisione — Non delegare, 15 ottobre 2050.

Costo — Offerte in coda, ore non fatturabili, margine inferiore e un cliente perso; in cambio, clausole approvate e ore protette per ricostruire i casi.

Riesame — 15 aprile 2051: nuova prova in ombra su casi chiusi, separata dall'acquisto e ancora revocabile.

Glossario essenziale

Questa selezione conserva i termini che sostengono il metodo e le proposte originali del libro. Le definizioni chiariscono il significato con cui le parole vengono impiegate in queste pagine; non sostituiscono standard, norme o manuali specialistici. Il glossario completo è disponibile nelle Risorse online.

Intelligenza artificiale (IA) — Insieme di tecniche che consentono a un sistema di svolgere compiti associati a capacità umane, come riconoscere, prevedere, tradurre, raccomandare o generare. Una prestazione convincente non dimostra da sola coscienza né stabilisce che il sistema abbia esperienza o comprensione.

Intervallo non misurato — Spazio temporaneo in cui una persona può esitare o contraddirsi e cambiare senza che ogni variazione produca subito un profilo operativo. Questo spazio è compatibile con la presenza della tecnologia, pur non offrendo una garanzia di libertà. Una raccolta continua richiede un danno definito e uno scopo proporzionato, insieme a una scadenza verificabile.

Credenziale verificabile — Attestazione composta da attributi pertinenti, rilasciata da un emittente responsabile e protetta perché un verificatore possa controllarne provenienza e integrità. La verifica tecnica non rende vero un fatto falso: contano qualità dell'emittente, procedure, stato della credenziale e possibilità di correggere o revocare.

Divulgazione selettiva — Presentazione soltanto degli attributi necessari contenuti in una credenziale, lasciando nascosti gli altri. Riduce la divulgazione eccessiva di informazioni, ma non garantisce da sola anonimato o impossibilità di collegare interazioni diverse.

Minimizzazione della prova — Proposta progettuale del libro: dimostrare soltanto ciò che serve a una decisione, senza consegnare l'intera biografia della persona. Estende la logica della proporzione alla progettazione delle verifiche digitali. Vedi anche: Credenziale verificabile; Divulgazione selettiva; Test del 2050.

Fatica epistemica — Condizione in cui il costo di ricostruire una conclusione cresce fino a indurre una persona a sospendere un giudizio rivedibile o a rinunciare a partecipare. Non coincide con credulità o disinteresse: dipende anche da interfacce, accesso alle fonti, tempo e capacità delle istituzioni di rendere praticabile la verifica.

Gemello operativo — Proposta del libro: agente software legato a un titolare e a un Mandato osservabile. Opera in modalità Assiste, Propone, Decide o Esegue soltanto entro compiti, dati, durata, soglie e autorità d'arresto dichiarati. Quando funziona come gemello-maestro, rende visibili passaggi, errori e alternative perché la competenza cresca e il bisogno dell'aiuto possa diminuire. Capacità, affidabilità e autorità restano distinte.

Test del 2050 — Metodo decisionale non compensatorio proposto dal libro. Organizza, in quest'ordine, Scopo / Mandato / Prova / Distribuzione / Danno / Ricorso / Uscita. Ogni risposta riceve uno stato della risposta — Sufficiente / Irrisolta / Bloccante — e conduce a una decisione organizzativa — Procedere / Limitare e provare / Non delegare / Interrompere. Non assegna un punteggio né certifica un prodotto. Una condizione Bloccante non è compensata dagli altri benefici.

Mandato operativo — Perimetro scritto che collega un titolare a una modalità — Assiste / Propone / Decide / Esegue — e precisa compiti, dati, persone interessate, luoghi, durata, volume, registri, soglie, azioni vietate e autorità d'arresto. Se cambiano modello, dati, fornitore, scala, compito o responsabili, il Mandato va ristretto o riesaminato. La sola capacità tecnica non definisce questo perimetro.

Archivio autentico, memoriale, simulazione post mortem e impersonazione — L'archivio conserva tracce originali; il memoriale le organizza senza parlare come il defunto; la simulazione generativa produce risposte o rappresentazioni nuove a partire dai dati; l'impersonazione le presenta in modo ingannevole come provenienti dalla persona reale. Possesso dei file, parentela o pagamento non equivalgono al Mandato a generare una voce in prima persona.

Comprensibilità verificata — Capacità di una persona o di un organismo indipendente di ricostruire perché un sistema ha prodotto un esito, provarlo su un caso ordinario e uno limite e usare quella verifica prima della conseguenza. Non coincide con una spiegazione generica o un fascicolo formalmente completo: se non può cambiare o fermare l'esito, il Mandato deve restringersi.

Opacità strutturale — Forma di opacità che compare quando molti componenti, aggiornamenti, agenti e organizzazioni si combinano in modo che nessun attore possieda il quadro completo in tempo per controllare l'esito. Aprire il codice può aiutare senza risolverla. Vedi anche: Comprensibilità verificata; Tempo al danno e finestra di controllo; Bilancio della supervisione.

Capacità, affidabilità e autorità — Tre domande diverse: che cosa un sistema sa fare, con quale regolarità lo fa nelle condizioni reali e che cosa gli è consentito fare in nome di qualcuno. Capacità e affidabilità non creano da sole autorità, né impongono l'adozione o la delega integrale.

Supervisione umana — È sostanziale soltanto quando una persona identificabile dispone di evidenza leggibile, tempo, competenza e autorità per modificare o fermare l'azione, e quando passaggio, motivazione e controllo successivo restano registrati. La presenza o firma formale di un operatore non basta.

Ricorso sostanziale — Possibilità concreta di ricevere una notifica comprensibile, conoscere e correggere gli elementi pertinenti e raggiungere senza ostacoli un ufficio capace di sospendere l'effetto, riaprire il caso e comunicare un esito motivato entro tempi compatibili con il danno.

Danno residuo e fascicolo operativo — Un'applicazione onesta del Test non promette danno zero. Il fascicolo mantiene valore quando distingue le fonti originarie dalle annotazioni umane e dalle sintesi generate. Deve ammettere ciò che non è ricostruibile e collegare le evidenze ad azioni di riparazione e restrizioni. Serve a sostenere l'apprendimento e la correzione. Un fascicolo non può dimostrare che il controllo sia perfetto.

Tempo al danno e finestra di controllo — Il tempo al danno separa l'errore dalla conseguenza; la finestra di controllo è il tempo realmente utilizzabile per riconoscere, ricostruire e intervenire. La supervisione è sostanziale soltanto se le operazioni necessarie rientrano in quella finestra; altrimenti diventa nominale.

Bilancio della supervisione — Rapporto fra il volume e la velocità delle decisioni da controllare e le risorse umane disponibili per farlo con attenzione. Quando il carico supera stabilmente la capacità di verifica, l'intervento umano diventa una firma tardiva. Vedi anche:

Supervisione umana; Comprensibilità verificata; Modalità degradata.

Continuità, modalità degradata e competenza residua — La continuità preserva una funzione essenziale, registrando anche i costi trasferiti a utenti e personale. La modalità degradata offre un servizio deliberatamente più stretto, con limiti dichiarati, durante il guasto. La competenza residua è il sapere e l'autorità locali necessari per attivarlo, gestire eccezioni e riconciliare il lavoro al ritorno del sistema.

Prova d'uscita — Verifica pratica, prima dell'adozione e poi periodica, che dati, registri, configurazioni e permessi possano essere esportati, ricostruiti, usati in modalità degradata e riportati in funzione senza il fornitore principale. L'organizzazione deve poter riprendere il lavoro registrando le perdite, e poi tornare senza dipendenza nascosta. Una sola clausola di portabilità non dimostra questa capacità.

Provenienza dei contenuti — Informazioni verificabili su acquisizione, origine, trasformazioni e approvazioni di un contenuto. Questi registri distribuiscono responsabilità e aiutano a ricostruire una storia tecnica. Non certificano da soli la sincerità né stabiliscono il contesto o la verità del contenuto. Metadati incompleti non rendono automaticamente falso un documento.

Licenza viva — Proposta del libro per l'uso di una voce, immagine o opera in sistemi generativi: consenso delimitato per scopo e durata, tracciabilità degli usi, compenso quando previsto, possibilità di revoca e trattamento delle opere derivate. Non descrive una licenza uniforme già riconosciuta dal diritto vigente. Vedi anche: Provenienza dei contenuti; Mandato operativo; Test del 2050.

Risorse online

Il sito di Corner Italiano raccoglie le versioni estese e aggiornabili degli strumenti presentati nel libro: la scheda compilabile del Test del 2050; il protocollo avanzato di prova con due sistemi; il verbale completo del caso di Davide e della sua riapertura; il glossario integrale; la cronologia essenziale; la mappa dei temi; i collegamenti alle fonti documentali. Consulta o scarica i materiali all'indirizzo:

https://www.corneritaliano.com/2050/risorse/

Per citare o verificare questa edizione, usa la versione archiviata corrispondente al libro. Le versioni successive sono indicate separatamente, così gli aggiornamenti non cancellano il contenuto originario.

Note finali

Queste note collegano i passaggi fattuali a fonti identificabili e, quando disponibili, a pagine, sezioni o disposizioni normative specifiche. I numeri in apice nei capitoli rimandano alla nota corrispondente; un numero ripetuto rinvia alla stessa nota. Nomi degli autori, titoli abbreviati e date identificano le voci della Bibliografia documentale. Una nota sostiene l'affermazione a cui è collegata, non ogni osservazione circostante. Le scene di finzione e le soglie proposte dall'autore restano distinte dai risultati empirici e dal diritto vigente.

Capitolo 1

1. Turing (1950), sez. 1–2, presenta ed esamina il gioco dell'imitazione. La proposta di McCarthy et al. (2006), 12, datata 31 agosto 1955 e ripubblicata in AI Magazine nel 2006, propone uno studio per l'estate del 1956 ed espone la propria congettura sulla possibilità di descrivere l'intelligenza con precisione sufficiente a simularla. L'interpretazione di questi episodi nel testo è dell'autore.

2. Weizenbaum (1966), 36–37, descrive le trasformazioni di ELIZA basate su parole chiave e riporta una conversazione esemplificativa; le pagine 42–43 discutono il suo copione da psicoterapeuta e l'interpretazione del partecipante umano. Sono evidenze sul programma storico, non un'affermazione secondo cui i modelli linguistici contemporanei usano il meccanismo di ELIZA.

3. Per una storia istituzionale specifica si veda Howe (2007), «History of AI at Edinburgh», sul rapporto Lighthill del 1973, le conseguenze sui finanziamenti e il successivo programma Alvey, e «Nature of AI» sui sistemi di conoscenza specializzati. McDermott et al. (1985), 122 e 124 –126, documentano le preoccupazioni dell'epoca riguardo ad aspettative, finanziamenti e a un possibile «inverno dell'IA». Questi resoconti riguardano episodi diversi; nessuno dei due sostiene una spiegazione basata su un'unica causa per tutte le fasi di crisi dell'IA.

4. Per il contesto storico dei modelli di apprendimento si vedano Rosenblatt (1958); Minsky e Papert (1987), pubblicato per la prima volta nel 1969; e Rumelhart, Hinton e Williams (1986). Questi

riferimenti riguardano contributi diversi alla ricerca sulle reti neurali, non una ricostruzione causale unitaria degli inverni dell'IA.

5. Krizhevsky, Sutskever e Hinton (2012), sez. 1, 3 e 6, descrivono l'architettura della rete convoluzionale, l'implementazione su GPU e i risultati su ImageNet. Vaswani et al. (2017), sez. 3–4, descrivono l'architettura del Transformer basata sull'attenzione e ne confrontano le proprietà computazionali e di addestramento con le alternative ricorrenti e convoluzionali. Sono risultati specifici per determinati compiti, non prove di comprensione generale.
6. OpenAI (2022) presenta il rilascio come un'anteprima di ricerca. La sezione «Methods» descrive il perfezionamento supervisionato e l'apprendimento per rinforzo dal feedback umano; «Limitations» riconosce la presenza di risposte plausibili ma errate e la sensibilità alla formulazione dell'input. È il resoconto dello sviluppatore su quel rilascio, non una valutazione indipendente di tutti i modelli linguistici.
7. Turpin et al. (2023), sez. 2–4, mettono alla prova GPT-3.5 e Claude 1.0 con specifici prompt che introducono distorsioni. I loro esperimenti mostrano che le spiegazioni a catena di pensiero possono omettere fattori che hanno influenzato la risposta. Ciò sostiene l'opportunità di verificare le spiegazioni con evidenze esterne; non dimostra che ogni spiegazione, o ogni modello successivo, sia infedele.

Capitolo 2

8. W3C (2025c), sez. 1.1–1.2 e 5.1, illustra ruoli e fiducia. W3C (2025b), sez. 2.1–2.2 e 4.4, e W3C (2025a), sez. 3–5, specificano meccanismi di prova alternativi. OpenID Foundation (2025a) e OpenID Foundation (2025b), entrambi alla sez. 3, descrivono i flussi di emissione e presentazione. Una verifica crittografica valida non dimostra di per sé verità, autorità legittima o equità.
9. Temoshok et al. (2025), sez. «Digital Identity Model», distingue verifica dell'identità, autenticazione e federazione. Il modello non federato individua l'autorizzazione come una decisione successiva della parte che si affida all'identità verificata. La terminologia è usata qui per chiarezza concettuale, non per suggerire che queste linee guida siano universalmente vincolanti.

10. W3C (2025c), sez. 4.10, descrive lo stato della credenziale. Pubblicare uno stato di revoca è cosa diversa dal notificare automaticamente tutti coloro che in precedenza si sono affidati a quella credenziale.

11. W3C (2025c), sez. 5.7 e 8.4–8.9, tratta prove derivate, rischi di correlazione, affermazioni astratte e minimizzazione dei dati. Il supporto a queste funzioni dipende dal formato della credenziale e dal meccanismo di prova.

12. Yaga et al. (2018), sez. 3.5–3.7, descrive i registri e la struttura della blockchain. La sez. 7.1, 34–35, precisa i limiti delle affermazioni sull'immutabilità; la sez. 7.3, 36, spiega che un registro non può stabilire da solo se gli input dei sensori o delle persone corrispondano a eventi reali. La scelta di governo e architettura proposta qui è dell'autore.

13. Minimizzazione dei dati, divulgazione selettiva e identità digitale europea. L'articolo 5(1)(c) del GDPR richiede che i dati siano adeguati, pertinenti e limitati al necessario; il regolamento sull'identità digitale europea disciplina portafogli volontari e divulgazione selettiva. Il quadro europeo relativo all'identità digitale stabilisce la base dei portafogli nazionali e della loro attuazione per fasi. L'Architecture and Reference Framework ufficiale è giunto alla versione 3.0.0 il 23 luglio 2026, prima della chiusura editoriale di questo libro, ed è affiancato da atti di esecuzione, specifiche e implementazioni di riferimento. Per la distinzione giuridica fra controllo dell'utente, divulgazione selettiva e attuazione si veda il Regolamento (UE) 2024/1183, considerando 3 e 14–15 e disposizioni che inseriscono l'articolo 5a nel Regolamento (UE) n. 910/2014. Riferimenti principali: Regolamento (UE) 2016/679 (GDPR); Regolamento (UE) 2024/1183 sull'identità digitale europea; European Commission (2026b); Temoshok et al. (2025).

Capitolo 3

14. La CMA britannica documenta le barriere tecniche al cambiamento di fornitore cloud, fra cui l'adattamento delle applicazioni e il trasferimento delle competenze, in CMA (2025), par. 23–28. Queste evidenze informano la discussione sulla dipendenza. L'esame di Sofia e le prove d'uscita istituzionali proposte sono rispettivamente uno scenario illustrativo e raccomandazioni dell'autore.

15. Per le pratiche di sicurezza alla base di questa discussione si vedano ENISA (2025), versione 1.2, sez. 10.3–10.8, 61–62, ed ENISA (2026), 11–12. Gli esempi illustrano principi di governo, non stabiliscono uno standard uniforme di conformità.

16. Per i rischi dei percorsi condivisi, i punti di approdo separati, le prove e la capacità di riserva si veda ITU e ICPC (2026), gruppo di lavoro 2, raccomandazione 11 e sez. 11.1, 89–91. La ridondanza riduce rischi di guasto specifici; non garantisce un servizio ininterrotto in qualunque circostanza.

Primo interludio

17. Le sette domande e le soglie decisionali del Test del 2050 sono il quadro deliberativo proposto dall'autore. Per un approccio consolidato alla gestione del rischio lungo il ciclo di vita dell'IA si veda NIST (2023a), sez. 5, 20–33, che organizza le attività nelle funzioni Govern, Map, Measure e Manage. Questo confronto di contesto non dimostra la validità del Test né implica l'approvazione del NIST. Riferimenti principali: NIST (2023a); International Organization for Standardization e International Electrotechnical Commission (2023), ISO/IEC 42001; Government of Canada (2019), Directive on Automated Decision-Making, con la relativa Algorithmic Impact Assessment; AI Act, art. 14.

Capitolo 4

18. Per l'analisi dell'automazione basata sui compiti e la distinzione fra sostituzione e complementarità si veda Autor (2015), 3–30. L'analisi storica di Autor offre un quadro per esaminare i cambiamenti all'interno delle professioni; le situazioni ambientate nel 2050 in questo capitolo sono scenari, non previsioni dimostrate da quello studio.

19. Gli effetti dell'assistenza non hanno necessariamente un'unica direzione. Brynjolfsson, Li e Raymond (2025), sez. I, riportano guadagni di produttività e segnali di apprendimento fra gli addetti all'assistenza clienti di una singola azienda, con benefici maggiori per i lavoratori meno esperti e con meno competenze. Lo studio non dimostra effetti sui salari o sull'occupazione dell'intera economia. I rischi distributivi e le responsabilità qui discussi vanno quindi letti in relazione al contesto.

20. Decisioni automatizzate e trasformazione del lavoro. L'articolo 22 del GDPR riguarda decisioni basate unicamente sul trattamento automatizzato che producono effetti giuridici o analogamente significativi. Al 24 luglio 2026, le regole originarie sulle pratiche vietate, gli obblighi di alfabetizzazione in materia di IA e le regole per i modelli di IA per finalità generali sono applicabili, secondo i rispettivi ambiti e le disposizioni transitorie. La modifica del luglio 2026, che entrerà in vigore il 27 luglio, riformulerà l'articolo 4 come obbligo di sostenere lo sviluppo dell'alfabetizzazione in materia di IA, senza garantire un livello prestabilito per ogni individuo. Per i modelli GPAI, gli obblighi dell'articolo 53 si applicano dal 2 agosto 2025; il codice finale del 10 luglio 2025 è la versione corrente e, secondo il calendario indicato dalla Commissione, i poteri di applicazione della Commissione decorreranno dal 2 agosto 2026; i fornitori di modelli immessi sul mercato prima del 2 agosto 2025 hanno tempo fino al 2 agosto 2027 per conformarsi. La direttiva sul lavoro tramite piattaforme deve essere recepita entro il 2 dicembre 2026, termine non ancora scaduto al momento della scrittura. L'indice ILO del 2025 misura l'esposizione delle professioni e individua nella trasformazione dei ruoli l'esito più probabile; non è una previsione dei posti di lavoro eliminati. La soglia adottata in questo libro è deliberatamente più ampia. Riferimenti normativi puntuali: GDPR, art. 22(1)–(4); SCHUFA, par. 43–55 e 60–73; AI Act, art. 4, art. 53, art. 111(3) e art. 113; Regolamento (UE) 2026/1744, art. 1(5) e (40); direttiva sul lavoro tramite piattaforme, art. 29(1). Riferimenti principali: Regolamento (UE) 2024/1689 (AI Act); European Commission (n.d.-c); European Commission (2025); Regolamento (UE) 2016/679 (GDPR); Article 29 Working Party (2018) (approvato dall'EDPB); SCHUFA, causa C-634/21; Direttiva (UE) 2024/2831 sul lavoro tramite piattaforme; Gmyrek et al. (2025).

Capitolo 5

21. Biometria urbana ed educazione. Il diritto UE vieta o limita determinati usi biometrici, soprattutto nelle attività di contrasto, ma non stabilisce un divieto uniforme di ogni forma di riconoscimento facciale urbano. La formulazione del capitolo 5 è una soglia politica proposta dall'autore. Per i divieti e le eccezioni pertinenti si vedano AI Act, art. 5(1)(e)–(h) e 5(2)–(7), ed EDPB (2023), versione 2.0, sez. 3, 13–28. Nell'educazione, l'UNESCO raccomanda un governo centrato

sull'essere umano, protezione dei dati, validazione pedagogica e approcci adeguati all'età; le istituzioni future del capitolo 6 sono scenari, non previsioni. Riferimenti principali: Regolamento (UE) 2024/1689 (AI Act); European Commission (n.d.-a); EDPB (2023); Miao e Holmes (2023).

Capitolo 6

22. Sulla differenza fra prestazione assistita e apprendimento si veda Bastani et al. (2025), «Main Results», tabella 1, e «Discussion». In uno studio randomizzato di matematica in una scuola superiore turca, uno strumento basato su GPT senza restrizioni ha migliorato le prestazioni durante l'esercitazione ma ha ridotto quelle successive senza assistenza. Il tutor basato su suggerimenti non ha mostrato la stessa riduzione delle prestazioni successive senza assistenza in questo esperimento. I risultati riguardano un contesto e una progettazione dello strumento specifici, non ogni uso educativo dell'IA.

Capitolo 7

23. Per il contesto degli studi sui fattori umani riguardanti l'eccessivo affidamento, le carenze nel monitoraggio, il carico di lavoro e l'uso improprio dell'automazione da parte delle organizzazioni si veda Parasuraman e Riley (1997), 230–253. Il bilancio della supervisione sviluppato qui è il modo proposto dall'autore per organizzare queste preoccupazioni, non uno strumento di misurazione validato fornito da quell'articolo.

24. Per un'analisi consolidata delle diverse fonti di opacità algoritmica si veda Burrell (2016). Burrell distingue segretezza, alfabetizzazione tecnica e caratteristiche e scala dell'apprendimento automatico. Le distinzioni fra opacità contrattuale, del modello e strutturale usate in questo capitolo non coincidono con la sua tassonomia.

Capitolo 8

25. IA nella cura e nella salute mentale. L'AI Act e i regolamenti sui dispositivi medici e sui dispositivi medico-diagnostici in vitro interagiscono secondo funzione, destinazione d'uso e classificazione. Secondo MDCG (2025), MDCG 2019-11 rev.1, sez. 1, 4, la qualificazione del software dipende dalla destinazione d'uso dichiarata, non dal fatto che funzioni su un dispositivo, nel cloud o su un'altra

piattaforma. Gli orientamenti congiunti di AIB e MDCG (2025), AIB 2025-1/MDCG 2025-6, domanda 4, 6, chiariscono inoltre che la classificazione ad alto rischio ai sensi dell'AI Act non modifica di per sé la classe MDR o IVDR del software. Questi documenti di orientamento non creano essi stessi diritto vincolante; le definizioni e le regole di classificazione stabilite dalla legge si trovano in MDR, art. 2(1) e (12) e allegato VIII, regola 11, IVDR, art. 2(2) e (12) e allegato VIII, e AI Act, art. 6. La responsabilità clinica dipende anche dal diritto professionale nazionale; la non delegabilità proposta in questo libro non è presentata come una regola uniforme attualmente in vigore. L'OMS sollecita la valutazione di rischi e benefici, la qualità dei dati, la trasparenza, il monitoraggio e la responsabilità lungo tutto il ciclo di vita. WHO (2023) è una panoramica, esplicitamente non un documento di orientamento, un quadro normativo o una politica. WHO (2024) discute le applicazioni rivolte ai pazienti e i loro rischi nella sez. 2.2, 12–15, respinge la presunzione di sicurezza o efficacia nella sez. 5.2, 46–47, e affronta le responsabilità successive alla messa in uso nelle sez. 6.2–6.3, 54–55. Il rapporto del 2026 sul grado di preparazione dell'UE e il documento di discussione sulle politiche informate dalle evidenze riguardano sistemi e governo, non l'efficacia terapeutica. Gli orientamenti istituzionali non possono quindi sostituire le evidenze sui risultati di un intervento specifico. Riferimenti principali: Regolamento (UE) 2024/1689 (AI Act); Regolamento (UE) 2017/745 sui dispositivi medici; Regolamento (UE) 2017/746 sui dispositivi medico-diagnostici in vitro; MDCG (2025); AIB e MDCG (2025); WHO (2021); WHO (2023); WHO (2024); WHO Regional Office for Europe (2026); WHO (2026).

26. Le evidenze sull'autoaiuto conversazionale sono specifiche per ciascun sistema. Fitzpatrick, Darcy e Vierhile (2017), «Methods» («Woebot»), «Results» e «Discussion» («Limitations»), hanno messo alla prova un chatbot strutturato su 70 adulti fra i 18 e i 28 anni per due settimane, confrontandolo con un ebook informativo. I sintomi depressivi sono migliorati rispetto al gruppo di controllo; fra coloro che hanno completato lo studio, l'ansia è migliorata in entrambi i gruppi. Lo studio non prevedeva un controllo successivo e riguardava un sistema ad albero decisionale, non un compagno generativo a conversazione aperta. Una delle autrici aveva fondato l'azienda

sviluppatrice, un interesse finanziario dichiarato. I risultati non validano l'individuazione autonoma delle crisi.

Capitolo 9

27. C2PA (n.d.), versione 2.2, sez. 2 e 7.1.1, distingue la provenienza verificabile dai giudizi sulla verità del contenuto. Le credenziali possono sostenere le verifiche sull'origine e sulle modifiche registrate; non dimostrano la verità di ciò che un'immagine o un'affermazione rappresenta. Allo stesso modo, la loro assenza non prova di per sé una falsificazione.

28. Contenuti sintetici. Dal 2 agosto 2026, l'articolo 50(1), (2), (4) e (5) dell'AI Act imporrà obblighi di trasparenza per determinate interazioni e categorie di contenuti sintetici o deepfake, secondo le eccezioni e le disposizioni transitorie previste; si veda European Commission (n.d.-b). I fornitori dei sistemi immessi sul mercato prima di quella data che generano contenuti audio, immagini, video o testi sintetici dovranno adottare le misure necessarie per conformarsi all'articolo 50(2) entro il 2 dicembre 2026, ai sensi dell'AI Act, art. 111(4), che sarà inserito dal Regolamento (UE) 2026/1744, art. 1(39)(b), con la sua entrata in vigore il 27 luglio 2026. Il codice finale dell'UE del 10 giugno 2026, European Commission (2026a), è volontario e offre indicazioni sulla marcatura e sull'etichettatura. Il parere della Commissione dell'8 luglio 2026 e la valutazione del Comitato per l'IA del 9 luglio lo considerano uno strumento adeguato a favorire la conformità, ma la sola adesione non dimostra la conformità all'articolo 50. Né la marcatura né la provenienza equivalgono alla verità o creano una procedura universale per contestare i contenuti. Chesney e Citron (2019), sez. II.B.2.i, 1785–1786, «The Liar's Dividend: Beware the Cry of Deep-Fake News». Il termine descrive il vantaggio ottenuto quando la possibilità di fabbricare prove rende più facile respingere quelle autentiche.

29. Brady et al. (2017), 7313–7318, associano il linguaggio morale ed emotivo a una maggiore diffusione dei messaggi politici, soprattutto all'interno dei gruppi ideologici. Questo risultato osservazionale sostiene la preoccupazione per la circolazione di contenuti emotivamente carichi; non dimostra che ogni piattaforma premi la rabbia né che un particolare algoritmo di ordinamento abbia causato l'effetto osservato.

Capitolo 10

30. Diritto d'autore e addestramento. La direttiva DSM distingue l'eccezione per la ricerca scientifica dell'articolo 3 dall'eccezione più ampia per l'estrazione di testo e dati dell'articolo 4, soggetta a un'appropriata riserva dei diritti ai sensi dell'articolo 4(3); dal 2 agosto 2025, l'AI Act, art. 53(1)(c) e (d), impone ai fornitori di modelli di IA per finalità generali obblighi che comprendono una politica per rispettare il diritto d'autore dell'Unione e una sintesi sufficientemente dettagliata dei contenuti usati per addestrare il modello, fatta salva la disposizione transitoria dell'articolo 111(3) per i modelli immessi sul mercato prima del 2 agosto 2025. Licenze, consenso, eccezioni e contenzioso restano variabili e lo stile non è trattato come un diritto di proprietà uniforme. Riferimenti principali: Regolamento (UE) 2024/1689 (AI Act); AI Act, art. 53; Direttiva (UE) 2019/790 (direttiva DSM).

31. Doshi e Hauser (2024), «Results», «Similarity of stories» e «Discussion». In un esperimento randomizzato sulla scrittura di racconti brevi, le idee generate dall'IA hanno migliorato le valutazioni dei singoli racconti aumentandone però la somiglianza reciproca. Il risultato illustra una tensione fra assistenza individuale e diversità collettiva in quel disegno sperimentale; non prevede che tutto il lavoro creativo diventerà omogeneo.

Capitolo 11

32. Minori, solitudine e compagni artificiali. L'AI Act, art. 5(1)(a) e (b), riguarda determinate forme di manipolazione dannosa e di sfruttamento delle vulnerabilità, comprese quelle legate all'età. Il Digital Services Act, art. 28, riguarda riservatezza, sicurezza, protezione e pubblicità basata sulla profilazione dei minori sulle piattaforme online che rientrano nel suo ambito. Queste disposizioni non stabiliscono un'unica regola per ogni forma di intimità simulata. WHO (2025b), sez. «Introduction» e «Mental health determinants», fornisce il contesto sulla vulnerabilità; il rapporto della sua Commissione sulla connessione sociale, WHO (2025a), tratta solitudine e isolamento come problemi di salute pubblica. UNICEF Innocenti (2025), 19–20, discute salvaguardie specifiche per i compagni artificiali e l'invio a servizi di supporto. UNICEF (2026), sez. 1–2, 3–4, e sez. 4, 11–12, individua rischi e lacune normative e chiede

ulteriori ricerche su benefici e danni. È un'analisi delle politiche, non uno studio clinico. L'indagine della FTC (2025) ai sensi della sezione 6(b) dimostra l'attenzione del regolatore; da sola non dimostra effetti clinici. Attaccamento, dipendenza e sostituzione delle relazioni umane sono discussi come rischi negli orientamenti citati. Non vanno presentati come esiti inevitabili né come effetti causali dimostrati per ogni sistema e popolazione. Il limite su amore, esclusività, gelosia e abbandono è una proposta dell'autore. Riferimenti principali: Regolamento (UE) 2024/1689 (AI Act); Regolamento (UE) 2022/2065 (Digital Services Act); AI Act, art. 5; WHO (2025b); WHO (2025a); UNICEF Innocenti (2025); UNICEF (2026); FTC (2025).

33. De Freitas et al. (2026) riportano riduzioni momentanee della solitudine; l'abstract pubblicato descrive uno studio longitudinale di una settimana. Sono evidenze di sollievo a breve termine nei contesti studiati, non di un trattamento per l'ansia o il lutto né di una sostituzione duratura delle relazioni umane.

Capitolo 12

34. Schwartz et al. (2022), sez. 2.1.2, 2.3 e 2.4, discute fonti sistemiche, statistiche e umane di distorsione nei sistemi sociotecnici. Spiega perché la sola qualità dei dati non possa risolvere ogni problema e perché la valutazione debba includere il contesto d'uso. L'esempio della graduatoria in questo capitolo è illustrativo; non è un caso documentato dal NIST.

35. Profilazione, contestazione, intervento umano e verifiche di equità. Informazione, rettifica, opposizione e intervento umano hanno basi giuridiche e ambiti diversi ai sensi del GDPR, art. 13–16, art. 21 e art. 22; il capitolo li riunisce esplicitamente in una soglia civile proposta. Il Regolamento (UE) 2026/1744, art. 1(6) e 1(9)(b), inserirà l'articolo 4a e sopprimerà l'articolo 10(5) dell'AI Act con l'entrata in vigore il 27 luglio 2026. L'articolo 4a autorizzerà eccezionalmente, nella misura strettamente necessaria, il trattamento di categorie particolari di dati personali per individuare e correggere le distorsioni: il paragrafo 1 si applicherà ai fornitori di sistemi di IA ad alto rischio in relazione all'articolo 10(2), lettere (f) e (g); il paragrafo 2 applicherà le stesse condizioni e salvaguardie ai fornitori e agli utilizzatori di altri sistemi e modelli di IA e agli utilizzatori di sistemi di IA ad alto rischio quando le

distorsioni rischiano di incidere sulla salute o sulla sicurezza, influire negativamente sui diritti fondamentali o provocare discriminazioni vietate dal diritto dell'Unione. Il paragrafo 2 non creerà alcun obbligo di svolgere l'attività. Non si tratterà di un'autorizzazione generale alle verifiche di equità. Le salvaguardie sono elencate nell'articolo 4a(1)(a)–(f); la frase che esclude l'obbligo appartiene specificamente all'articolo 4a(2). Riferimenti principali: Regolamento (UE) 2016/679 (GDPR); Article 29 Working Party (2018); SCHUFA, causa C-634/21; Regolamento (UE) 2024/1689 (AI Act); Regolamento (UE) 2026/1744, art. 1(6) e (9).

Capitolo 13

36. Confini del ciclo di vita. ISO (2006a) e ISO (2006b) distinguono obiettivo e campo di applicazione, inventario, valutazione degli impatti e interpretazione; si vedano gli abstract ufficiali di entrambi gli standard. Il capitolo usa questa distinzione per chiedere che cosa includa un confronto. Non presenta il progetto comunale di finzione come una valutazione del ciclo di vita completata e conforme agli standard ISO. Prima di poter svolgere un confronto di questo tipo, occorrerebbe specificare l'unità funzionale, il servizio alternativo, il confine geografico e l'incertezza.
37. Elettricità, continuità e flessibilità. IEA (2025a), sez. 2.1.2, 51–54, distingue la domanda delle apparecchiature da quella delle infrastrutture; le sez. 2.5–2.6, 75–108, esaminano l'approvvigionamento elettrico, i vincoli di rete e la flessibilità localizzativa e operativa. Shehabi et al. (2024) fornisce stime per gli Stati Uniti e scenari fino al 2028. Queste fonti descrivono infrastrutture e proiezioni condizionate, non i requisiti operativi del campus immaginario di Elena.
38. Potenziali benefici per il sistema energetico. IEA (2025a), sez. 3.4, 122–134, esamina le applicazioni nei sistemi elettrici e nelle reti; il riquadro 5.4, 242–244, discute applicazioni e pressioni legate all'acqua. Sono opportunità che dipendono dal contesto. Le priorità di servizio e i benefici misurati richiesti nello scenario comunale sono condizioni proposte dall'autore, non risultati relativi a una città reale.
39. Efficienza e domanda totale. IEA (2025a), sez. 5.8.3, 251–252, discute gli effetti di rimbalzo e l'incertezza sulla loro entità. Un minore impiego

di risorse per compito può coesistere con un consumo totale maggiore quando la domanda cresce. È un meccanismo condizionato, non l'affermazione che ogni miglioramento dell'efficienza debba aumentare i consumi.

40. Materiali e rifiuti elettronici. IEA (2025b), sezioni sulle prospettive dei minerali principali e sull'innovazione nell'estrazione, nella raffinazione e nel riciclaggio, e USGS (2026) forniscono il contesto sulle filiere minerarie. Baldé et al. (2024), «Executive Summary», 12–19, e capitoli 3, 4, 6 e 8, affrontano la breve vita dei prodotti, i vincoli alla riparazione, i flussi transfrontalieri, il recupero dei materiali e gli effetti ambientali. Questi rapporti globali non certificano le condizioni di lavoro di un particolare fornitore né quantificano la quota dei rifiuti elettronici imputabile all'IA. La gerarchia degli acquisti nel capitolo è una raccomandazione dell'autore.

41. Acqua, confini e quantità dello scenario. USGS (2019), voci water withdrawal, consumptive use, interbasin transfer e return flow, distingue l'acqua prelevata da una fonte dall'acqua resa indisponibile per un uso immediato. USGS non considera i trasferimenti fra bacini come consumo idrico; il luogo dei flussi di restituzione resta quindi una questione separata. IEA (2025a), riquadro 5.4, 242–244, distingue l'acqua usata per il raffreddamento da quella associata all'elettricità e alla produzione industriale. Le cifre del campus che seguono, compresi i volumi idrici stagionali, il carico elettrico e l'occupazione, sono parametri costruiti per lo scenario, non osservazioni, valori di riferimento o previsioni. ISO (2006a) e ISO (2006b) forniscono il contesto metodologico per dichiarare il campo e i confini di un confronto; non validano queste quantità di finzione.

42. Calcolo orbitale: eventi riportati, proposte e vincoli. Starcloud (n.d.), sez. «What is Starcloud-1», riferisce di un lancio nel novembre 2025. Axiom Space (n.d.), sez. «Launched the first dedicated data center nodes to low-Earth orbit», riferisce di due nodi lanciati l'11 gennaio 2026. Entrambi sono resoconti aziendali delle proprie attività. Beals (2025), sez. «Future directions», descrive due prototipi previsti per l'inizio del 2027, non una missione completata. Gli eventi e i piani riportati precedono la chiusura del manoscritto al 24 luglio 2026. Il rapporto periodico del consorzio ASCEND, European Commission, CORDIS (2026), ospitato da CORDIS e aggiornato il 14 gennaio

2026, presenta risultati di fattibilità e chiede ulteriori studi. Per i vincoli ingegneristici si vedano Turyshev (2026), preprint versione 1, sez. IV–IX, e Al Ahmad, Memon e Pecht (2026), sez. 3–8. Il primo sviluppa modelli di competitività; il secondo analizza l'affidabilità e il rischio lungo il ciclo di vita, anziché fornire una valutazione ambientale comparativa del ciclo di vita. Wilson et al. (2023), 1002–1008, presenta un quadro di valutazione della sostenibilità illustrato con un concetto di missione lunare. Murphy et al. (2023), 1 e 4–5, riporta metalli associati ai veicoli spaziali misurati nelle particelle di aerosol stratosferico, lasciando incerte le conseguenze più ampie. Queste fonti sostengono l'esame dei vincoli trasferiti e degli impatti lungo l'intera vita. Non dimostrano la superiorità commerciale o ambientale di un futuro data center orbitale e la proposta della città per il 2050 resta di finzione.

Capitolo 14

43. Filiere e semiconduttori. Per specializzazione e interdipendenza si vedano NIST (2023b), 4–6, e GAO (2022), 3–6 e fig. 1. UNCTAD (2025) offre un contesto più ampio sullo sviluppo. La norma finale del BIS (2026c) del 15 gennaio 2026, sez. II–IV e sez. 742.6(b)(10)(iii), stabilisce un esame condizionato caso per caso per determinati prodotti di calcolo avanzato esportati dagli Stati Uniti verso la Cina o Macao, non per tutti i semiconduttori. La norma di aprile, BIS (2026a), 17851–17852, pubblicata il 9 aprile ed efficace dal 7 aprile, estende al 31 dicembre 2026 specifici termini relativi allo status di Authorized IC Designer e alla presentazione delle domande; si veda ECCN 3A090.a, nota 1(a)(2)–(3). BIS (2026b), gli orientamenti del 31 maggio, chiarisce controlli preesistenti riguardanti soggetti con sede principale nel Country Group D:5 o a Macao. Questi strumenti riguardano requisiti distinti. La pubblicazione del 3 giugno 2026 sul Chips Act 2.0 della European Commission (2026c) è una proposta, distinta dall'European Chips Act vigente; si veda European Commission (n.d.-d). Le descrizioni normative sono aggiornate alla chiusura editoriale del 24 luglio 2026; l'applicabilità dipende dalla transazione e dalle regole allora in vigore.

44. Cavi, cloud e cybersicurezza. CMA (2025), par. 23–28 e 36–40, individua barriere al cambiamento di fornitore ed effetti avversi sulla concorrenza britannica e raccomanda indagini SMS. CMA (2026a),

par. 33–37 e 44–47, discute il monitoraggio degli impegni sulle tariffe di uscita e sull'interoperabilità e ulteriori azioni; l'indagine SMS sull'ecosistema del software aziendale di Microsoft, CMA (2026b), è iniziata il 14 maggio. L'avvio non equivale alla designazione. ITU e ICPC (2026), 2, conferma l'approvazione del 10 luglio dei rapporti esplicativi; il gruppo di lavoro 2, raccomandazione 11 e sez. 11.1, 89–91, affronta percorsi, approdi condivisi, prove e capacità. ENISA (2025), versione 1.2, copre il periodo luglio 2024–giugno 2025; le sez. 6–9 e 10.3–10.8 informano la discussione sugli attori e sulla resilienza. ENISA (2026), 11–15, offre ulteriori raccomandazioni, non un rapporto annuale sostitutivo. Il rapporto adottato dall'OEWG delle Nazioni Unite è l'allegato I di A/75/816, United Nations General Assembly (2021), in particolare par. 18–19, 24–31 e 41–48. Queste fonti sostengono il contesto presente. Le configurazioni del 2050 nel capitolo sono scenari condizionati dell'autore. Le descrizioni dello stato delle cose fanno riferimento alla chiusura editoriale del 24 luglio 2026.

45. ENISA (2025), versione 1.2, sez. 6–9, distingue attori della minaccia criminali, allineati agli Stati e di altro tipo. United Nations General Assembly (2021), A/75/816, allegato I, il rapporto adottato dall'OEWG delle Nazioni Unite, par. 18–19, 24–31 e 41–48, affronta infrastrutture civili, comportamento responsabile degli Stati e costruzione della fiducia. Questi documenti forniscono il contesto per le salvaguardie e gli scenari di cooperazione proposti dall'autore; il rapporto delle Nazioni Unite non istituisce un nuovo trattato vincolante.

46. Mombasa e il Corridoio settentrionale. NCTTCA (n.d.-a) e NCTTCA (n.d.-b), paragrafi iniziali, descrivono l'entroterra regionale servito dal porto e il percorso multimodale che collega Mombasa ai paesi senza sbocco sul mare della regione dei Grandi Laghi. Il contesto geografico è fattuale; Asha, la sua azienda, l'interruzione e le quantità operative sono elementi dello scenario del 2050. Non sono usate statistiche attuali su capacità, distanze o tempi di transito.

Capitolo 15

47. Hollanek e Nowaczyk-Basińska (2024), sez. 3, 4.3, 5.2–5.3 e 6.3, usano scenari di progettazione speculativa per esaminare consenso, trasparenza e dismissione delle simulazioni di persone defunte. Il loro lavoro è un'analisi etica, non uno studio sugli esiti clinici.

Raccomandano l'accesso riservato agli adulti; l'opzione per minori sotto supervisione proposta in questo libro è una posizione normativa diversa e non viene presentata come clinicamente validata.

48. Dati relativi alle persone defunte, lutto e aldilà digitale. Il GDPR, considerando 27, stabilisce che il regolamento non si applica ai dati personali delle persone defunte e consente norme nazionali. In Italia, l'articolo 2-terdecies(1)–(5) del decreto legislativo n. 196/2003 (Codice privacy) consente a determinati soggetti di esercitare, entro limiti previsti, i diritti del GDPR, art. 15–22, riguardanti le persone defunte. Il Garante per la protezione dei dati personali riproduce la disposizione nelle note alla propria guida sull'eredità digitale. Öhman e Floridi (2018), 318–320, offrono un commento etico sul trattamento delle tracce digitali lasciate dai defunti. Hollanek e Nowaczyk-Basińska (2024), sez. 3, 4.3, 5.2–5.3 e 6.3, usano la finzione progettuale per esaminare consenso, trasparenza e dismissione delle simulazioni di persone defunte. Nessuno dei due lavori fornisce evidenze sugli esiti clinici per una particolare persona in lutto. La proposta del libro per l'oblio post mortem resta una proposta. Riferimenti principali: Regolamento (UE) 2016/679 (GDPR); Garante (n.d.), art. 2-terdecies; Öhman e Floridi (2018); Hollanek e Nowaczyk-Basińska (2024).

Bibliografia documentale

Questa bibliografia identifica le fonti citate nelle note, ordinate alfabeticamente per autore. Le voci distinguono articoli di ricerca, orientamenti istituzionali, standard tecnici, norme, proposte, preprint e annunci aziendali quando questa distinzione ne influenza il peso probatorio. Volume della rivista, intervallo di pagine o numero dell'articolo, versione e DOI stabile o URL ufficiale sono forniti quando verificati. Le date di pubblicazione sono distinte dalle date degli eventi e dalle revisioni. Le pagine web prive di data o soggette a modifiche sono state controllate prima della chiusura editoriale. Le Letture di approfondimento offrono prospettive aggiuntive, anziché prove a sostegno delle affermazioni, salvo che un'opera sia citata anche nelle note.

Al Ahmad, Mahmoud, Qurban Memon, and Michael Pecht. 2026. "Reliability and Risk in Space-Based Data Centers: A Lifecycle

Assessment of Orbital Cloud Infrastructure." *Applied Sciences* 16 (11): 5247. https://doi.org/10.3390/app16115247.

Article 29 Data Protection Working Party (Article 29 Working Party). 2018. *Guidelines on Automated Individual Decision-Making and Profiling for the Purposes of Regulation 2016/679*. WP251 rev.01. Endorsed by the European Data Protection Board on May 25, 2018. https://www.edpb.europa.eu/documents/guideline/automated-decision-making-and-profiling_en.

Artificial Intelligence Board (AIB) and Medical Device Coordination Group (MDCG). 2025. *Interplay between the Medical Devices Regulation, the In Vitro Diagnostic Medical Devices Regulation and the Artificial Intelligence Act*. AIB 2025-1; MDCG 2025-6. https://health.ec.europa.eu/document/download/b78a17d7-e3cd-4943-851d-e02a2f22bbb4_en.

Autor, David H. 2015. "Why Are There Still So Many Jobs? The History and Future of Workplace Automation." *Journal of Economic Perspectives* 29 (3): 3–30. https://doi.org/10.1257/jep.29.3.3.

Axiom Space. n.d. "Orbital Data Centers." https://www.axiomspace.com/orbital-data-center.

Baldé, Cornelis P., Ruediger Kuehr, Tales Yamamoto, Rosie McDonald, Elena D'Angelo, Shahana Althaf, Garam Bel, et al. 2024. *The Global E-Waste Monitor 2024*. 2nd ed. International Telecommunication Union and United Nations Institute for Training and Research. https://ewastemonitor.info/the-global-e-waste-monitor-2024/.

Bastani, Hamsa, Osbert Bastani, Alp Sungu, Haosen Ge, Özge Kabakcı, and Rei Mariman. 2025. "Generative AI without Guardrails Can Harm Learning: Evidence from High School Mathematics." *Proceedings of the National Academy of Sciences* 122 (26): e2422633122. https://doi.org/10.1073/pnas.2422633122.

Beals, Travis. 2025. "Exploring a Space-Based, Scalable AI Infrastructure System Design." November 4, 2025. Google Research. https://research.google/blog/exploring-a-space-based-scalable-ai-infrastructure-system-design/.

Brady, William J., Julian A. Wills, John T. Jost, Joshua A. Tucker, and Jay J. Van Bavel. 2017. "Emotion Shapes the Diffusion of Moralized Content in Social Networks." *Proceedings of the National Academy of*

Sciences 114 (28): 7313–7318. https://doi.org/10.1073/pnas.1618923114.

Brynjolfsson, Erik, Danielle Li, and Lindsey Raymond. 2025. "Generative AI at Work." *Quarterly Journal of Economics* 140 (2): 889–942. https://doi.org/10.1093/qje/qjae044.

Burrell, Jenna. 2016. "How the Machine 'Thinks': Understanding Opacity in Machine Learning Algorithms." *Big Data & Society* 3 (1). https://doi.org/10.1177/2053951715622512.

Chesney, Bobby, and Danielle Citron. 2019. "Deep Fakes: A Looming Challenge for Privacy, Democracy, and National Security." *California Law Review* 107 (6): 1753–1819. https://doi.org/10.15779/Z38RV0D15J.

Coalition for Content Provenance and Authenticity (C2PA). n.d. *C2PA and Content Credentials Explainer*. Version 2.2. https://spec.c2pa.org/specifications/specifications/2.2/explainer/Explainer.html.

Competition and Markets Authority (CMA). 2025. *Cloud Services Market Investigation: Summary of Final Decision*. July 31, 2025. https://assets.publishing.service.gov.uk/media/688b20e6ff8c05468cb7b120/summary_of_final_decision.pdf.

Competition and Markets Authority (CMA). 2026a. *Actions on Cloud and Business Software through the UK Digital Markets Competition Regime*. March 31, 2026. https://assets.publishing.service.gov.uk/media/69cbb8d52d120d9d5ec0f311/Actions_on_cloud_and_business_software_through_the_UK_digital_markets_competition_regime.pdf.

Competition and Markets Authority (CMA). 2026b. *Microsoft's Business Software Ecosystem*. May 14, 2026. SMS investigation launch. https://www.gov.uk/cma-cases/microsofts-business-software-ecosystem.

Court of Justice of the European Union. 2023. *OQ v. Land Hessen (SCHUFA Holding).* Case C-634/21, ECLI:EU:C:2023:957, December 7, 2023. CELEX 62021CJ0634. https://eur-lex.europa.eu/legal-content/EN/TXT/?uri=CELEX:62021CJ0634.

De Freitas, Julian, Zeliha Oğuz-Uğuralp, Ahmet Kaan Uğuralp, and Stefano Puntoni. 2026. "AI Companions Reduce Loneliness." *Journal of Consumer Research* 52 (6): 1126–1148. https://doi.org/10.1093/jcr/ucaf040.

Doshi, Anil R., and Oliver P. Hauser. 2024. "Generative AI Enhances Individual Creativity but Reduces the Collective Diversity of Novel Content." *Science Advances* 10 (28): eadn5290. https://doi.org/10.1126/sciadv.adn5290.

European Commission. 2025. "General-Purpose AI Code of Practice Now Available." July 10, 2025. Publication announcement for the final voluntary code supporting compliance with the AI Act. https://digital-strategy.ec.europa.eu/en/news/general-purpose-ai-code-practice-now-available.

European Commission. 2026a. *Code of Practice on Transparency of AI-Generated Content*. Final code published June 10, 2026; Commission Opinion dated July 8, 2026; AI Board adequacy assessment dated July 9, 2026. https://digital-strategy.ec.europa.eu/en/library/commission-opinion-assessment-code-practice-transparency-ai-generated-content; https://digital-strategy.ec.europa.eu/en/news/commission-publishes-code-practice-marking-and-labelling-ai-generated-content.

European Commission. 2026b. *The European Digital Identity Wallet Architecture and Reference Framework*. Version 3.0.0. Technical specification and release notes, July 23, 2026. EU Digital Identity Wallet official repository. Version 3.0.0 superseded version 2.9.0 of May 21, 2026. https://github.com/eu-digital-identity-wallet/eudi-doc-architecture-and-reference-framework/releases/tag/v3.0.0.

European Commission. 2026c. "Proposal for the Chips Act 2.0." June 3, 2026. https://digital-strategy.ec.europa.eu/en/library/proposal-chips-act-20.

European Commission. n.d.-a. "Article 5: Prohibited AI Practices." AI Act Service Desk. Explanatory service reproducing the AI Act; read with Regulation (EU) 2026/1744 and its phased application dates. https://ai-act-service-desk.ec.europa.eu/en/ai-act/article-5.

European Commission. n.d.-b. "Article 50: Transparency Obligations for Providers and Deployers of Certain AI Systems." AI Act Service Desk. Explanatory service reproducing the AI Act; read with Regulation

(EU) 2026/1744.
https://ai-act-service-desk.ec.europa.eu/en/ai-act/article-50.

European Commission. n.d.-c. "Article 53: Obligations for Providers of General-Purpose AI Models." AI Act Service Desk. Explanatory service reproducing Article 53 of Regulation (EU) 2024/1689. https://ai-act-service-desk.ec.europa.eu/en/ai-act/article-53.

European Commission. n.d.-d. "European Chips Act." https://digital-strategy.ec.europa.eu/en/policies/european-chips-act.

European Commission, CORDIS. 2026. "Advanced Space Cloud for European Net Zero Emissions and Data Sovereignty (ASCEND), Grant Agreement 101082517: Periodic Reporting." January 14, 2026. https://cordis.europa.eu/project/id/101082517/reporting.

European Data Protection Board (EDPB). 2023. *Guidelines 05/2022 on the Use of Facial Recognition Technology in the Area of Law Enforcement*. Version 2.0, April 26, 2023. https://www.edpb.europa.eu/system/files/2023-05/edpb_guidelines_202304_frtlawenforcement_v2_en.pdf.

European Parliament and Council of the European Union. 2016. Regulation (EU) 2016/679 of 27 April 2016 on the Protection of Natural Persons with Regard to the Processing of Personal Data and on the Free Movement of Such Data, and Repealing Directive 95/46/EC (General Data Protection Regulation). *Official Journal of the European Union* L 119 (May 4, 2016): 1–88. CELEX 32016R0679. https://eur-lex.europa.eu/eli/reg/2016/679/oj/eng.

European Parliament and Council of the European Union. 2017a. Regulation (EU) 2017/745 of 5 April 2017 on medical devices. *Official Journal of the European Union* L 117 (May 5, 2017): 1–175. As amended. CELEX 32017R0745. https://eur-lex.europa.eu/eli/reg/2017/745/oj.

European Parliament and Council of the European Union. 2017b. Regulation (EU) 2017/746 of 5 April 2017 on in vitro diagnostic medical devices. *Official Journal of the European Union* L 117 (May 5, 2017): 176–332. As amended. CELEX 32017R0746. https://eur-lex.europa.eu/legal-content/EN/TXT/?uri=CELEX:32017R0746.

European Parliament and Council of the European Union. 2019. Directive (EU) 2019/790 of 17 April 2019 on copyright and related rights in the Digital Single Market. *Official Journal of the European Union* L 130 (May 17, 2019): 92–125. CELEX 32019L0790. https://eur-lex.europa.eu/eli/dir/2019/790/oj/eng.

European Parliament and Council of the European Union. 2022. Regulation (EU) 2022/2065 of 19 October 2022 on a Single Market for Digital Services (Digital Services Act). *Official Journal of the European Union* L 277 (October 27, 2022): 1–102. CELEX 32022R2065. https://eur-lex.europa.eu/legal-content/EN/TXT/?uri=CELEX:32022R2065.

European Parliament and Council of the European Union. 2024a. Directive (EU) 2024/2831 of 23 October 2024 on improving working conditions in platform work. *Official Journal of the European Union* L, 2024/2831 (November 11, 2024). Article 29(1) sets a December 2, 2026 transposition deadline. CELEX 32024L2831. https://eur-lex.europa.eu/legal-content/EN/TXT/?uri=CELEX:32024L2831.

European Parliament and Council of the European Union. 2024b. Regulation (EU) 2024/1183 of 11 April 2024 amending Regulation (EU) No 910/2014 as regards establishing the European Digital Identity Framework. *Official Journal of the European Union* L, 2024/1183 (April 30, 2024). CELEX 32024R1183. https://eur-lex.europa.eu/legal-content/EN/TXT/HTML/?uri=CELEX:32024R1183.

European Parliament and Council of the European Union. 2024c. Regulation (EU) 2024/1689 of 13 June 2024 laying down harmonised rules on artificial intelligence (Artificial Intelligence Act). *Official Journal of the European Union* L, 2024/1689 (July 12, 2024). Sarà modificato dal Regolamento (UE) 2026/1744, che entrerà in vigore il 27 luglio 2026. CELEX 32024R1689. https://eur-lex.europa.eu/legal-content/EN/TXT/?uri=CELEX:32024R1689.

European Parliament and Council of the European Union. 2026. Regulation (EU) 2026/1744 of 8 July 2026 amending Regulations (EU) 2024/1689, (EU) 2018/1139 and (EU) 2023/1230 as regards the simplification of the implementation of harmonised rules on artificial intelligence (Digital Omnibus on AI). *Official Journal of the European Union* L, 2026/1744 (July 24, 2026). Entrerà in vigore il 27 luglio 2026. CELEX 32026R1744.

https://eur-lex.europa.eu/legal-content/EN/TXT/?uri=CELEX:32026R1744.

European Union Agency for Cybersecurity (ENISA). 2025. *ENISA Threat Landscape 2025*. Version 1.2, updated January 9, 2026. https://doi.org/10.2824/1946374.

European Union Agency for Cybersecurity (ENISA). 2026. *ENISA's View on Cybersecurity in the Frontier AI Era*. July 7, 2026. https://doi.org/10.2824/9549088.

Fitzpatrick, Kathleen Kara, Alison Darcy, and Molly Vierhile. 2017. "Delivering Cognitive Behavior Therapy to Young Adults with Symptoms of Depression and Anxiety Using a Fully Automated Conversational Agent (Woebot): A Randomized Controlled Trial." *JMIR Mental Health* 4 (2): e19. https://doi.org/10.2196/mental.7785.

Garante per la protezione dei dati personali (Garante). n.d. "Eredità digitale [Digital inheritance]." Institutional guidance reproducing Article 2-terdecies of Legislative Decree No. 196/2003, paragraphs 1–5. https://www.garanteprivacy.it/temi/internet-e-nuove-tecnologie/eredita-digitale.

Gmyrek, Paweł, Janine Berg, Karol Kamiński, Filip Konopczyński, Agnieszka Ładna, Balint Nafradi, Konrad Rosłaniec, and Marek Troszyński. 2025. *Generative AI and Jobs: A Refined Global Index of Occupational Exposure*. ILO Working Paper 140. https://doi.org/10.54394/HETP0387.

Government of Canada. 2019. *Directive on Automated Decision-Making*. As amended. https://www.tbs-sct.canada.ca/pol/doc-eng.aspx?id=32592.

Hollanek, Tomasz, and Katarzyna Nowaczyk-Basińska. 2024. "Griefbots, Deadbots, Postmortem Avatars: On Responsible Applications of Generative AI in the Digital Afterlife Industry." *Philosophy & Technology* 37: 63. https://doi.org/10.1007/s13347-024-00744-w.

Howe, Jim. 2007. "Artificial Intelligence at Edinburgh University: A Perspective." June 2007. School of Informatics, University of Edinburgh. https://www.inf.ed.ac.uk/about/AIhistory.html.

International Energy Agency (IEA). 2025a. *Energy and AI*. https://www.iea.org/reports/energy-and-ai.

International Energy Agency (IEA). 2025b. *Global Critical Minerals Outlook 2025*. https://www.iea.org/reports/global-critical-minerals-outlook-2025.

International Organization for Standardization (ISO). 2006a. *Environmental Management: Life Cycle Assessment, Principles and Framework*. ISO 14040:2006. https://www.iso.org/standard/37456.html.

International Organization for Standardization (ISO). 2006b. *Environmental Management: Life Cycle Assessment, Requirements and Guidelines*. ISO 14044:2006. https://www.iso.org/standard/38498.html.

International Organization for Standardization and International Electrotechnical Commission. 2023. *Information Technology: Artificial Intelligence, Management System*. ISO/IEC 42001:2023. https://www.iso.org/standard/42001.

International Telecommunication Union (ITU), in partnership with the International Cable Protection Committee (ICPC). 2026. *International Advisory Body on Submarine Cable Resilience: Report of the Working Groups 2026*. ISBN 978-92-61-40561-8. https://www.itu.int/dms_pub/itu-s/opb/iab/S-IAB-WG-2026-PDF-E.pdf.

Krizhevsky, Alex, Ilya Sutskever, and Geoffrey E. Hinton. 2012. "ImageNet Classification with Deep Convolutional Neural Networks." *Advances in Neural Information Processing Systems* 25. https://papers.nips.cc/paper_files/paper/2012/hash/c399862d3b9d6b76c8436e924a68c45b-Abstract.html.

McCarthy, John, Marvin L. Minsky, Nathaniel Rochester, and Claude E. Shannon. 2006. "A Proposal for the Dartmouth Summer Research Project on Artificial Intelligence, August 31, 1955." *AI Magazine* 27 (4): 12–14. https://doi.org/10.1609/aimag.v27i4.1904. Original proposal dated August 31, 1955; excerpt republished in 2006.

McDermott, Drew, M. Mitchell Waldrop, B. Chandrasekaran, John McDermott, and Roger Schank. 1985. "The Dark Ages of AI: A Panel Discussion at AAAI-84." *AI Magazine* 6 (3): 122–134. https://doi.org/10.1609/aimag.v6i3.494.

Medical Device Coordination Group (MDCG). 2025. *Guidance on Qualification and Classification of Software in Regulation (EU) 2017/745, MDR, and Regulation (EU) 2017/746, IVDR*. June 17, 2025. MDCG 2019-11 rev.1. https://health.ec.europa.eu/document/download/b45335c5-1679-4c71-a91c-fc7a4d37f12b_en.

Miao, Fengchun, and Wayne Holmes. 2023. *Guidance for Generative AI in Education and Research*. UNESCO. https://unesdoc.unesco.org/ark:/48223/pf0000386693.

Minsky, Marvin, and Seymour A. Papert. 1987. *Perceptrons: An Introduction to Computational Geometry*. Expanded ed. MIT Press. First published 1969. https://mitpress.mit.edu/9780262631112/perceptrons/.

Murphy, Daniel M., Maya Abou-Ghanem, Daniel J. Cziczo, Karl D. Froyd, Justin Jacquot, Michael J. Lawler, Christopher Maloney, et al. 2023. "Metals from Spacecraft Reentry in Stratospheric Aerosol Particles." *Proceedings of the National Academy of Sciences* 120 (43): e2313374120. https://doi.org/10.1073/pnas.2313374120.

National Institute of Standards and Technology (NIST). 2023a. *Artificial Intelligence Risk Management Framework (AI RMF 1.0)*. January 2023. NIST AI 100-1. https://doi.org/10.6028/NIST.AI.100-1.

National Institute of Standards and Technology (NIST), CHIPS for America. 2023b. *Vision for Success: Facilities for Semiconductor Materials and Manufacturing Equipment*. June 23, 2023. https://www.nist.gov/document/vision-success-facilities-semiconductor-materials-and-manufacturing-equipment.

Northern Corridor Transit and Transport Coordination Authority (NCTTCA). n.d.-a. "Port of Mombasa." https://www.ttcanc.org/corridor-infrastructure/port-of-mombasa/.

Northern Corridor Transit and Transport Coordination Authority (NCTTCA). n.d.-b. "Who We Are." https://www.ttcanc.org/about-us/who-we-are/.

Öhman, Carl, and Luciano Floridi. 2018. "An Ethical Framework for the Digital Afterlife Industry." *Nature Human Behaviour* 2: 318–320. https://doi.org/10.1038/s41562-018-0335-2.

OpenAI. 2022. "Introducing ChatGPT." November 30, 2022. https://openai.com/index/chatgpt/.

OpenID Foundation, Digital Credentials Protocols Working Group. 2025a. *OpenID for Verifiable Credential Issuance 1.0*. Final specification, September 16, 2025. https://openid.net/specs/openid-4-verifiable-credential-issuance-1_0.html.

OpenID Foundation, Digital Credentials Protocols Working Group. 2025b. *OpenID for Verifiable Presentations 1.0*. Final specification, July 9, 2025. https://openid.net/specs/openid-4-verifiable-presentations-1_0.html.

Parasuraman, Raja, and Victor Riley. 1997. "Humans and Automation: Use, Misuse, Disuse, Abuse." *Human Factors* 39 (2): 230–253. https://doi.org/10.1518/001872097778543886.

Rosenblatt, Frank. 1958. "The Perceptron: A Probabilistic Model for Information Storage and Organization in the Brain." *Psychological Review* 65 (6): 386–408. https://doi.org/10.1037/h0042519.

Rumelhart, David E., Geoffrey E. Hinton, and Ronald J. Williams. 1986. "Learning Representations by Back-Propagating Errors." *Nature* 323 (6088): 533–536. https://doi.org/10.1038/323533a0.

Schwartz, Reva, Apostol Vassilev, Kristen Greene, Lori Perine, Andrew Burt, and Patrick Hall. 2022. *Towards a Standard for Identifying and Managing Bias in Artificial Intelligence*. NIST Special Publication 1270. National Institute of Standards and Technology. Corrected March 24, 2022. https://doi.org/10.6028/NIST.SP.1270.

Shehabi, Arman, Sarah Josephine Smith, Alex Hubbard, Alexander Newkirk, Nuoa Lei, Md AbuBakar Siddik, Billie Holecek, Jonathan G. Koomey, Eric R. Masanet, and Dale A. Sartor. 2024. *2024 United States Data Center Energy Usage Report*. Lawrence Berkeley National Laboratory. https://doi.org/10.71468/P1WC7Q.

Starcloud. n.d. "Starcloud-1." https://www.starcloud.com/starcloud-1.

Temoshok, David, Diana Proud-Madruga, Yee-Yin Choong, Ryan Galluzzo, Sarbari Gupta, Connie LaSalle, Naomi Lefkovitz, and Andrew Regenscheid. 2025. *Digital Identity Guidelines*. NIST Special Publication 800-63-4. National Institute of Standards and Technology. July 2025. https://doi.org/10.6028/NIST.SP.800-63-4.

Turing, Alan M. 1950. "Computing Machinery and Intelligence." *Mind* 59 (236): 433–460. https://doi.org/10.1093/mind/LIX.236.433.

Turpin, Miles, Julian Michael, Ethan Perez, and Samuel R. Bowman. 2023. "Language Models Don't Always Say What They Think: Unfaithful Explanations in Chain-of-Thought Prompting." NeurIPS 2023 conference paper, author manuscript, arXiv:2305.04388v2. https://arxiv.org/abs/2305.04388v2.

Turyshev, Slava G. 2026. *Orbital Data Centers: Spacecraft Constraints and Economic Viability*. Preprint, arXiv:2604.27197v1, April 29, 2026. https://doi.org/10.48550/arXiv.2604.27197.

U.S. Bureau of Industry and Security (BIS). 2026a. "Extension of Authorized Integrated Circuit (IC) Designer Status and Application Deadline to Become an Approved IC Designer." Final rule, effective April 7, 2026. *Federal Register* 91 (April 9, 2026): 17851–17852. https://www.govinfo.gov/content/pkg/FR-2026-04-09/html/2026-06851.htm.

U.S. Bureau of Industry and Security (BIS). 2026b. *Guidance Regarding Enforcement of License Requirements for Advanced Computing Items for Entities Headquartered in Country Group D:5 and Macau*. May 31, 2026. https://www.bis.gov/media/documents/bis-guidance-may-31-2026.pdf.

U.S. Bureau of Industry and Security (BIS). 2026c. "Revision to License Review Policy for Advanced Computing Commodities." Final rule. *Federal Register* 91 (January 15, 2026): 1684. https://www.federalregister.gov/documents/2026/01/15/2026-00789/revision-to-license-review-policy-for-advanced-computing-commodities.

U.S. Federal Trade Commission (FTC). 2025. "FTC Launches Inquiry into AI Chatbots Acting as Companions." September 2025. https://www.ftc.gov/news-events/news/press-releases/2025/09/ftc-launches-inquiry-ai-chatbots-acting-companions.

U.S. Geological Survey (USGS). 2019. "Water-Use Terminology." February 27, 2019. https://www.usgs.gov/mission-areas/water-resources/science/water-use-terminology.

U.S. Geological Survey (USGS). 2026. *Mineral Commodity Summaries 2026*. https://doi.org/10.3133/mcs2026.

U.S. Government Accountability Office (GAO). 2022. *Semiconductor Supply Chain: Policy Considerations from Selected Experts for Reducing Risks and Mitigating Shortages*. July 26, 2022. GAO-22-105923. https://www.gao.gov/products/gao-22-105923.

UN Trade and Development (UNCTAD). 2025. *Technology and Innovation Report 2025: Inclusive Artificial Intelligence for Development*. United Nations. https://unctad.org/publication/technology-and-innovation-report-2025.

United Nations Children's Fund (UNICEF). 2026. *When AI Becomes a Friend: Child Rights Risks, Harms, and Regulatory Responses to AI Chatbots and Companions*. June 2026. Policy brief. https://www.unicef.org/documents/when-ai-becomes-friend-child-rights-risks.

United Nations Children's Fund (UNICEF), Innocenti. 2025. *Guidance on AI and Children*. Version 3.0. https://www.unicef.org/innocenti/reports/policy-guidance-ai-children.

United Nations General Assembly. 2021. *Developments in the Field of Information and Telecommunications in the Context of International Security: Note by the Secretary-General*. March 18, 2021. A/75/816, Annex I, Final Substantive Report of the Open-ended Working Group. https://docs.un.org/en/A/75/816.

Vaswani, Ashish, Noam Shazeer, Niki Parmar, Jakob Uszkoreit, Llion Jones, Aidan N. Gomez, Łukasz Kaiser, and Illia Polosukhin. 2017. "Attention Is All You Need." *Advances in Neural Information Processing Systems* 30. https://papers.nips.cc/paper_files/paper/2017/hash/3f5ee243547dee91fbd053c1c4a845aa-Abstract.html.

Weizenbaum, Joseph. 1966. "ELIZA, a Computer Program for the Study of Natural Language Communication between Man and Machine." *Communications of the ACM* 9 (1): 36–45. https://doi.org/10.1145/365153.365168.

Wilson, Andrew R., Massimiliano Vasile, Christie Maddock, and Keith Baker. 2023. "Implementing Life Cycle Sustainability Assessment for Improved Space Mission Design." *Integrated Environmental*

Assessment and Management 19 (4): 1002–1022. https://doi.org/10.1002/ieam.4722.

World Health Organization (WHO). 2021. *Ethics and Governance of Artificial Intelligence for Health: WHO Guidance*. World Health Organization. https://www.who.int/publications/i/item/9789240029200.

World Health Organization (WHO). 2023. *Regulatory Considerations on Artificial Intelligence for Health*. World Health Organization. https://www.who.int/publications/i/item/9789240078871.

World Health Organization (WHO). 2024. *Ethics and Governance of Artificial Intelligence for Health: Guidance on Large Multi-Modal Models*. World Health Organization. https://www.who.int/publications/i/item/9789240084759.

World Health Organization (WHO). 2025a. *From Loneliness to Social Connection: Charting a Path to Healthier Societies*. Report of the WHO Commission on Social Connection. https://www.who.int/groups/commission-on-social-connection/report.

World Health Organization (WHO). 2025b. "Mental Health of Adolescents." September 1, 2025. https://www.who.int/news-room/fact-sheets/detail/adolescent-mental-health.

World Health Organization (WHO). 2026. *Artificial Intelligence and Evidence-Informed Policy: Emerging Challenges and Opportunities: Discussion Paper*. B09667. https://www.who.int/publications/i/item/B09667.

World Health Organization (WHO), Regional Office for Europe. 2026. *Artificial Intelligence Is Reshaping Health Systems: State of Readiness across the European Union*. WHO/EURO:2026-12707-52481-81471. https://www.who.int/europe/publications/i/item/WHO-EURO-2026-12707-52481-81471.

World Wide Web Consortium (W3C), Verifiable Credentials Working Group. 2025a. *Securing Verifiable Credentials Using JOSE and COSE*. W3C Recommendation, May 15, 2025. https://www.w3.org/TR/2025/REC-vc-jose-cose-20250515/.

World Wide Web Consortium (W3C), Verifiable Credentials Working Group. 2025b. *Verifiable Credential Data Integrity 1.0*. W3C Recommendation, May 15, 2025. https://www.w3.org/TR/2025/REC-vc-data-integrity-20250515/.

World Wide Web Consortium (W3C), Verifiable Credentials Working Group. 2025c. *Verifiable Credentials Data Model v2.0*. W3C Recommendation, May 15, 2025. https://www.w3.org/TR/2025/REC-vc-data-model-2.0-20250515/.

Yaga, Dylan, Peter Mell, Nik Roby, and Karen Scarfone. 2018. *Blockchain Technology Overview*. NIST Interagency/Internal Report 8202. National Institute of Standards and Technology. October 2018. https://doi.org/10.6028/NIST.IR.8202.

Letture di approfondimento

Queste opere ampliano l'esplorazione storica, politica e filosofica del libro. Se non compaiono anche nella Bibliografia documentale, non sono fonti per le sue affermazioni fattuali o giuridiche.

Bostrom, Nick. 2014. *Superintelligence: Paths, Dangers, Strategies*. Oxford University Press.

Christian, Brian. 2020. *The Alignment Problem: Machine Learning and Human Values*. W. W. Norton & Company.

Crawford, Kate. 2021. *Atlas of AI: Power, Politics, and the Planetary Costs of Artificial Intelligence*. Yale University Press.

Eubanks, Virginia. 2018. *Automating Inequality: How High-Tech Tools Profile, Police, and Punish the Poor*. St. Martin's Press.

Floridi, Luciano. 2014. *The Fourth Revolution: How the Infosphere Is Reshaping Human Reality*. Oxford University Press.

IBM. n.d. "Deep Blue." IBM History. https://www.ibm.com/history/deep-blue.

O'Neil, Cathy. 2016. *Weapons of Math Destruction: How Big Data Increases Inequality and Threatens Democracy*. Crown.

Russell, Stuart. 2019. *Human Compatible: Artificial Intelligence and the Problem of Control*. Viking.

Zuboff, Shoshana. 2019. *The Age of Surveillance Capitalism: The Fight for a Human Future at the New Frontier of Power*. PublicAffairs.

L'AUTORE, L'EDITORE E LE RISORSE ONLINE

RISORSE AGGIUNTIVE PER 2050

Accedi alla scheda compilabile del Test del 2050, al protocollo avanzato di prova con due sistemi, al fascicolo completo del caso di Davide, al glossario integrale, alla cronologia essenziale, alla mappa dei temi e ai collegamenti alle fonti documentali.

www.corneritaliano.com/2050/risorse

L'AUTORE E L'EDITORE

Marco De Prosperis è l'autore di 2050 L'IA e ciò che ci rende umani.

Per approfondire il libro, conoscere l'autore e scoprire le altre pubblicazioni di Corner Italiano LLC, inquadra il codice QR oppure visita il sito ufficiale:

www.corneritaliano.com/it

CORNER ITALIANO LLC

www.ingramcontent.com/pod-product-compliance
Lightning Source LLC
LaVergne TN
LVHW100201061126
851857LV00010B/364
9798997256609